괴짜 철학가 조영남 쇼펜하우어 만나다

쇼펜하우어 플러스

괴짜 철학가 조영남 쇼펜하우어 만나다

쇼펜하우어 플러스

조영남 지음

문학세계사

읽지 않으면 후회할 이야기의 시작

나는 가수다. 노래로 삶을 살아가는 사람이다. 사람들은 나를 화가로도 기억한다. 노래도 하고 그림도 그리니까, 이른바 '화수'라고도 불린다. 그런데 이 모든 걸 제쳐두고, 왜 갑자기 철학책, 그것도 쇼펜하우어를 이야기하는 걸까?

사실 이 이야기는 어느 날 아침, 신문을 읽다가 시작되었다. 신문을 넘기던 중 눈길을 끄는 기사를 발견했다. 최근 쇼펜하우어의 철학 서적들이 베스트셀러 상단을 차지하고 있다는 것이었다. 책을 좋아하는 내게 철학 서적이 인기를 끈다는 사실은 의외였다. '왜 지금, 쇼펜하우어일까?' 그 생각이 머릿속을 떠나지 않았다. 그래서 나는 곧바로 서점으로 달려갔다.

서점에 도착하자, 쇼펜하우어의 철학 서적들이 눈에 들

어왔다. 『마흔에 읽는 쇼펜하우어』를 비롯한 여러 책이 베스트셀러 진열대에 빼곡히 놓여 있었다. 나는 여덟 권의 책을 골라 집으로 돌아왔다. 그리고 책장을 넘기며 그의 사상에 깊이 빠져들었다. 이전에는 니체 정도만 알아도 충분하다고 생각했지만, 쇼펜하우어의 철학은 그와는 다른 차원의 깊이와 통찰을 담고 있었다. 그의 사유는 니체나 키르케고르와는 전혀 다른 방식으로 다가왔다. 어떻게 다르냐. 급이 달랐다.

쇼펜하우어는 칸트가 『순수이성비판』으로 철학의 본류를 제시했던 것처럼, 『의지와 표상으로서의 세계』라는 책으로 칸트를 뛰어넘는 실용적인 철학을 펼쳐 보였다. 그 책의 깊이는 니체의 『차라투스트라는 이렇게 말했다』나 키르케고르의 『죽음에 이르는 병』과는 확연히 달랐다. 만약 이들이 나를 고소한다면, 나는 당당히 응할 것이다. 법적 논쟁을 해본 경험이 있으니까. 대부분의 쇼펜하우어 서적들은 주해식으로 설명하는 경우가 많았고, 그 점에서 또 한 번 놀랐다. 더 놀라운 건, 나의 삶이 쇼펜하우어가 제시하는 삶의 방식과 비슷하게 흘러왔다는 점이다. 쇼펜하우어는 염세 철학의 대가로 알려졌지만, 실은 인간이 고통스러운 삶을 어떻게 견뎌낼지에 대해 초등학교 선생님처럼 친절하게 지침을 제공하고 있었다.

결국 나는 철학에 관한 책을 써보기로 결심했다. 즉흥적으로 『쇼펜하우어 플러스』라는 제목까지 떠올렸다. 어쩔 수 없다. 이제는 이 책을 써야 한다. 아마도 이 책은 지금까지 세상에 나온 철학책 중에서 가장 독특한 책이 될 것이다. 이 책을 통해 내가 신세 진 출판사에 조금이나마 보답하고, 나 자신에게는 죽음을 준비하는 연습이 될 것이다. 두루 재미있기를 바란다. 나는 애초부터 재미니스트니까.

□ 차례

2장 행복과 불행에 관하여

3장 사랑과 우정에 관하여

4장 예술과 죽음에 관하여

1장

괴로움과 고통에 관하여

인생은 고통이다

쇼펜하우어: 인생은 고통이다. 삶의 목적은 괴로움이다.
산다는 것은 곧 괴로움을 견디는 것이다.

조영남: 인생은 '고苦'다. 고통이다. 이 '고'라는 말에는 여러
가지 의미가 있다. 영어로 '고go'는 '간다'는 뜻이고, '고통스
럽다'의 '고'도 있다. 또 '고스톱'의 '고'도 있고, 외롭고 쓸쓸
한 '고孤'도 있다. 하지만 쇼펜하우어가 말하는 '고'는 철학적
인 의미로, '고통'과 '괴로움'을 뜻한다. 그는 왜 인생이 고통
이고, 삶의 목적이 괴로움이라고 단정지었을까? 쇼펜하우어
의 철학은 바로 이 고통의 문제로부터 시작된다.

그렇다면 니체는 우리 삶을 어떻게 정의했을까? 니체
는 고통보다 덜 강렬하지만, 그에 못지않게 불안하고 위
험한 상태로 삶을 규정한다. 마치 마이클 잭슨의 노래

〈Dangerous〉를 떠올리게 하는 그런 삶 말이다. 그래서 쇼펜하우어는 니체나 키르케고르와 함께 염세 철학자로 알려져 있다. 마치 세잔이 인상주의 화가로, 피카소가 입체주의 화가로 알려진 것처럼 말이다.

그렇다면 다른 철학자들은 무엇을 주장했을까? 플라톤이나 아리스토텔레스 같은 사람들은 도대체 뭘 주장했는가? 솔직히 말하자면, 그들의 주장은 내게는 좀 모호하고 난해하게 느껴졌다. 그런데 왜 소크라테스만이 종교의 대표 주자가 되었을까? 그 이유는 간단하다. 그는 예수와 흡사한 면이 많았기 때문이다. 예수가 어부들과 함께했던 것처럼, 소크라테스도 대장장이, 구두 수선공 등과 대화를 나누며 철학을 실천했다. 인도의 귀족 출신 석가모니가 계급을 초월해 보통 사람들과 어울렸던 것처럼 말이다.

이러한 배경을 바탕으로 나는 독자적인 방법으로 쇼펜하우어의 철학을 풀어내야겠다고 결심했다. 피카소가 여러 화파를 넘나들었던 것처럼, 쇼펜하우어도 단순한 염세 철학자가 아니다. 그는 인생의 고통을 인지하는 데서 그치지 않고, 그 고통을 어떻게 극복하고 행복을 찾을 수 있는지에 대해 다양한 방법을 제시하고 있다.

쇼펜하우어는 염세 철학자로 알려져 있지만, 결코 인생

을 고통스럽게 살라고 부추기는 사람이 아니다. 그가 살았던 시대는 프랑스 혁명 이후의 혼란 속에서 모두가 고통을 느끼고 안식을 갈망하던 때였다. 나는 쇼펜하우어를 깊이 연구하면서, 그가 단순히 염세 철학자로만 규정될 사람이 아니라고 깨달았다. 오히려 그는 고통을 넘어 행복을 발견하는 방법을 제시한 행복 철학자로 불려야 한다고 생각한다. 왜냐하면 그는 염세주의를 넘어선 인간의 삶의 문제와 그 해결책을 깊이 있게 탐구했기 때문이다. 쇼펜하우어가 예수나 소크라테스보다 석가모니의 사상에 더 관심을 가졌듯이, 그는 고통의 문제를 중심에 두고 그로부터 벗어나 행복을 찾는 길을 모색했다.

의지의 한계

쇼펜하우어: 이 세상에 존재하는 모든 생명체는 살아가고자 하는 의지를 지니고 있다. 그러나 그 의지가 충분히 만족스럽지 않기 때문에 우리는 괴로움을 겪는다.

조영남: 철학책을 읽다 보면 '의지'라는 단어가 자주 등장한다. 그런데 털어놓고 말하자면, 나는 이 '의지'라는 개념이 늘 궁금했다. '도대체 의지가 뭘까?' 하면서도, 그걸 제대로 이해하지 못한다는 게 스스로 부끄러워서 대충 넘어가곤 했다. 그런데 『마흔에 읽는 쇼펜하우어』를 읽으면서 비로소 그 의미를 깨닫게 되었다. 알고 보니 그토록 어려운 개념이 아니었다.

이렇게 설명할 수 있다. 갓난아기가 배가 고프면 '으앙'

하고 울기 시작한다. 그 '으앙'이 바로 의지다. 아기가 배고픔을 해결하기 위해 젖을 물 때까지 괴로워하는 기간이 바로 의지가 발현되는 순간이다. 그런데 문제는 이 세상이 우리 의지가 만족할 만큼 호락호락하지 않다는 데 있다. 우리의 의지를 쉽게 충족시켜주지 않는다는 것이다.

쇼펜하우어가 말한 '의지의 한계'란 바로 이것이다. 우리는 살아가고자 하는 강한 의지를 가지고 있지만, 그 의지가 완전히 만족스럽지는 않다. 그래서 우리는 끊임없이 괴로워하고, 고통을 느낀다. 이 세상은 우리의 의지를 시험하고, 그 과정에서 우리는 많은 좌절과 고통을 경험하게 된다.

인생의 단맛과 쓴맛

쇼펜하우어: 안목이 좋은 사람은 인생의 단맛과 쓴맛을
적절히 조절할 줄 안다.

조영남: 누가 믿겠는가? 나는 평생 담배 한 개비를 피운 적
이 없다. 그 유명한 대마초 파동 때도 나는 무사했다. 믿기
어려울지 모르겠지만, 그때는 수십 명의 연예인이 끌려가 감
옥살이를 해야 했다. 그렇다면 왜 나는 담배를 피우지 않았
냐고? 간단하다. 맛이 써서 안 폈다. 대학 초년생 때 친구가
권한 담배를 한 모금 빨았다가 즉시, 퉤 하고 내뱉은 것이 처
음이자 마지막이다. 커피도 마찬가지로 써서 지금까지 한잔
도 마신 적이 없다. 못 마신 것이다. 그러므로 나는 쇼펜하우
어 선배의 기준에 따라 안목이 좋은 사람으로 판단되어야
하지 않겠는가?

안목이 좋다고 해서 인생이 늘 달기만 한 것은 아니다. 나는 인생의 쓴맛도 제대로 겪었다. 쓴맛의 대표적인 예로는 두 번의 결혼과 두 번의 이혼이 있다. 그 결과 자연스럽게 나를 향한 안티 그룹이 형성되었다. 또 한 번은 그림 환불 사건으로 집만 남기고, 벌어 놓은 돈을 모두 잃었을 때였다. 정말이지 쓴맛 일변도의 인생이었다. 이혼 사건, 작품 환불 사건 등 이런 고비들을 겨우 넘겼을 때, 나는 그 모든 쓰디쓴 사건들이 내 인생의 일부였음을 실감하게 되었다.

담배를 멀리한 것은 나의 조절이었고, 커피 대신 콜라를 마신 것도 나름의 조절 방식이었다. 나는 태어나길 조절의 달인, 조 씨로 태어났나 보다. 인생의 단맛과 쓴맛을 조절할 수 있었던 것이 나의 생존 비법이었으니, 아마도 쇼펜하우어 선배가 인정해 주실 것이다.

홀대받는 저작물

쇼펜하우어: 내가 쓴 책들, 나의 저작물이 매우 심하게 홀대받는 것은 대체로 이런 이유 때문일 것이다. 나는 오늘날 살아가는 데 실패자이거나, 아니면 현실과 동떨어진 사람처럼 여겨지고 있다. 어쨌든 이제 남은 건 침묵뿐이다.

조영남: 이 단락은 쇼펜하우어가 쓴 침울한 이야기지만, 이건 남 얘기가 아니다. 쇼펜하우어는 20대 중반부터 그의 대표작 『의지와 표상으로서의 세계』를 야심 차게 내놓았다. 그러나 애석하게도 이 저서는 주위 사람들의 눈길을 끌지 못했다. 내 생각엔 너무 난해해서 금방 알려지지 않았던 것 같다. 마치 아인슈타인의 '상대성이론'이 알아먹기 힘들어서 인정을 받기까지 10년 이상의 세월이 걸린 것과 흡사하다.

그런데 이건 당장 남의 얘기가 아니다. 여러분이 읽고 있는 이 책의 원고를 쓰고 있는 작가가 누구인가? 바로 나, 조영남이다. 꽤 유명한 가수다. 그런데 뭐가 문제냐? 내가 직접 쓴 책이 안 팔리는 게 문제다. 왜 책이 잘 안 팔리느냐? 쇼펜하우어의 경우, 그럴만한 이유가 있었다. 당시 쇼펜하우어보다 훨씬 잘나가던 헤겔 선배에게 대놓고 '구식 철학자다, 너무 정치적이다, 철학으로 돈을 벌려고 하는 저질 철학자다' 라며 맹비난을 퍼붓는 바람에 평판이 무너진 상태였다.

하지만 나는 다르다. 치명적으로 라이벌에게 대든 적도 없는데도 책이 안 팔린다. 아무래도 내 책 내용이 부실해서 그런 것 같다. 《중앙일보》에서 연재한 글을 책으로 묶은 『예스터데이』는 읽을 만하다고 생각했는데, 에이! 이젠 다시 침묵으로 돌아가야 할 판이다.

그렇다, 쇼펜하우어처럼 책이 팔릴 때까지 침묵하라는 소리일 것이다. 이번 책이 잘 팔리기를 기대하면서…… 아! 나는 침묵하는 일에 너무 지쳤다.

어리석음

쇼펜하우어: 어리석은 사람은 다른 사람을 부러워하고, 따분한 사람은 다른 사람과 습관적으로 비교하며, 우둔한 사람은 다른 사람을 그저 모방만 한다.

조영남: 쇼펜하우어 선배가 마치 나를 콕콕 찔러서 지적하는 것 같다. 맞다, 나는 평생 세계적인 소프라노 마리아 칼라스와 이탈리아의 테너 프랑코 코렐리를 부러워했다. 그래서 나는 어리석은 인간이다. 그런데 겁도 없이 나는 최근 임영웅과 김호중을 나와 같은 체급으로 비교하곤 했다. 나이도 생각하지 않고 무슨 자신감으로 그런 비교를 했는지 나 스스로도 의아할 때가 있다. 그래서 나는 역시 따분한 인간이다.

그뿐만이 아니다. 나는 평생을 톰 존스나 프랭크 시나트라를 모방해 왔다. 그들의 스타일을 따라 하고, 그들의 발자취를 밟으려 애썼다. 그래서 나는 참 우둔한 인간이다.

쇼펜하우어가 말한 어리석음, 따분함, 우둔함의 세 가지 특성을 보니, 내가 그 셋을 다 갖추고 있는 것 같다. 하지만 뭐 어쩌겠나. 나는 그렇게 살아왔고, 또 앞으로도 그렇게 살아갈 것이다. 살날이 많이 남지 않은 게 천만다행이다.

악독함의 근원

쇼펜하우어: 악독함은 어디에나 존재하기 마련이다. 악독함의 두 가지 근원은 이렇다. 하나는 질투이고, 다른 하나는 남의 불행을 보고 기뻐하는 것이다.

조영남: 만약 쇼펜하우어의 기준에 따르면, 나는 정말 악독한 놈일지도 모른다. 나는 평생 나름대로 노력해서 터득한 지식을 총동원해, 악독함의 근원인 질투와 남 잘되는 꼴을 못 보는 고약한 심성을 억누르려 애를 썼다. 하지만, 터놓고 말하자면, 번번이 후회 섞인 탄식을 하게 된다.

10여 년 전, 내 동료 가수 조용필이 바운스 바운스 하면서 무대 위에서 방방 뛰고 있을 때, 겉으로는 아무 일도 아닌 척했지만, 속으로는 열불이 났다. 문제는 조용필에 이어 이번에는 나훈아가 테스 형을 부르며 다시 나라를 들썩

이게 했을 때, 나의 질투심은 활활 타올랐다.

주변 사람들은 "야! 나훈아, 조용필이 나라를 들썩이고 있는데 넌 지금 뭐 하고 있냐"라고 물었고, 그 말에 나는 뒤늦게나마 마음의 평정을 찾기 위해 억지로 새 노래 한 곡을 만들어 냈다. 참고로 그 노래의 1절 가사에는 이런 내용이 들어 있다. "손들어 보세요. 나와 보세요. 이미자와 노래해 본 사람 손들어 보세요. 나와 보세요. 패티킴과 노래해 본 사람." 후렴구로 이어진 후, 2절에는 "손들어 보세요. 나와 보세요. 조용필과 노래해 본 사람 손들어 보세요. 나훈아와 노래해 본 사람"이라는 내용이 이어진다.

그래서 내 인생을 돌아보면, 결국 '삼팔광땡'이라는 얘기가 된다. 하지만, 테스 형이나 바운스에 비해 내 노래의 인기도는 저 밑바닥이다. 나는 그들의 성공에 질투를 느끼면서도, 내 속마음 깊은 곳에서는 그들이 부럽기만 하다. 이런 나는 쇼펜하우어가 말한 악독함의 근원을 완전히 떨쳐내지 못한 것이다.

인간에 대한 혐오

쇼펜하우어: 솔직히 말해서, 나는 개나 다른 동물을 보면 금세 마음이 맑아진다. 그런데 이와는 반대로, 인간을 보면 혐오를 느낀다. 물론 다소 예외도 있겠지만, 인간은 대체로 서툴고 흠이 많은 실패작이다. 추한 육체, 천한 욕정, 저속한 야망, 그리고 온갖 어리석음과 사악함으로 가득 차 있으며, 부자연스럽고 타락한 생활 속에서 천박하고 난폭한 모습을 하고 있다.

조영남: '솔직히 말해서'라는 말머리를 달고 시작하는 것이 영 마음에 들지 않는다. 진짜 솔직한 사람이라면 그런 말을 굳이 앞에 붙일 필요가 없지 않은가? 우선, 쇼펜하우어는 인간이 개만도 못하다는 이야기를 만리장성보다 더 길게 늘어놓았다. 독자 여러분께 호소한다. 나는 지금 이 순간 쇼펜하

우어든 개판하우어든 간에, 조영남이 개만도 못하다는 소리
에는 더 이상 참을 수가 없다.

그래서 한국 대중가요 출신의 개똥철학자인 내가 감히
세계 근대 철학의 대부인 쇼펜하우어를 '조영남 모독죄'로
고소하려고 한다. 우린 이런 심술궂고 교묘한 철학자가 필
요 없다. 쇼펜하우어가 왜 조영남을 혐오스러워하는가? 조
영남이 실제로 추한 육체와 천한 욕정을 가지고 저속한 야
망을 부렸다는 것인가? 내가 과연 온갖 어리석음과 사악함
으로 가득 찬 외모를 가졌는가? 내가 그토록 부자연스럽고
타락해서 천박하고 난폭한 모습을 보였단 말인가?

좋다. 한판 붙어보자! 나에게는 서울고등법원과 대법원
에서 승소를 이끌어낸 변호사도 있다. 독자 여러분께 신신
당부한다. 만약 내가 쇼펜하우어를 청송 감옥에 처넣는다
고 해도 나를 원망하지 말아 주시길 바란다. 나는 별것 아닌
존재이지만, 더 이상 내가 개만도 못하다는 소리를 듣고 싶
지 않다. 그래서 이러는 것이다. 어이, 당신이 철학자 쇼펜하
우어라고? 나는 한국의 개똥철학자 조펜하우어다!

끝도 없는 인간의 욕망

쇼펜하우어: 채우고 또 채워도 채워지지 않는 것이 인간의 욕망이다. 우리는 언제나 결핍과 궁핍을 느끼며, 돈, 출세, 명예, 권력, 성공 등 수많은 것을 갈망한다. 그 욕망은 밑 빠진 독에 물 붓기처럼 끝도 없이 이어진다.

조영남: 여기서 영남이 형이 한 마디 첨언하겠다. 나는 70년 이상 이 세상을 살아왔다. 쇼펜하우어가 지적한 욕망 외에도 첨부해야 할 욕망이 몇 가지 더 있다. 젊어지고 싶은 욕망, 살을 빼고 싶은 욕망, 그리고 여자친구를 더 많이 만들고 싶은 욕망도 있다.

내가 서울대학교 2학년이던 시절, 미8군 쇼단에서 알바를 하기 전까지는 말 그대로 궁핍과 가난 속에서 살았다. 그러나 그런 세월을 나는 어떻게든 버텨냈다. 어쩌면 저절로 버티어졌던 것일지도 모른다. 이제 와서 돌아보면, 그 가난과 궁핍의 시절도 내 생애 최고의 찬란한 순간들로 기억된다.

나는 무교동의 경음악 감상실 쎄시봉을 들락거리다가 미8군 쇼단에 취업하게 되면서 궁핍과는 결별했다. 그 이후로 오늘날까지 나름 근근이 살아가고 있다. 하지만 쇼펜하우어의 말처럼 나는 여전히 더 큰 명성을 잡으려 하는 욕망에 질질 끌려다닌다. 더러운 본성에 매달려 만족을 모르는 모습이 참으로 한심하다.

그럼에도 불구하고 끝내 지워지지 않는 욕망이 있다. 그것은 바로 새롭고 가슴 뛰는 사랑을 한 번 더 만나고 싶다는 막연한 기대감이다. 아, 욕망이여! 넌 도대체 어디가 끝이란 말이냐!

삶이란 비탄의 연속

쇼펜하우어: 삶이란 비탄의 연속일 뿐이며, 따라서 낙천주의는 순전히 허무맹랑할 뿐만 아니라 인류의 재난에 대한 쓰디쓴 조롱에 지나지 않는다.

조영남: 이런 꽉 막힌 영감탱이가 대체 왜 우리 한국에서 그렇게 인기를 끌 수 있는지 도무지 이해할 수가 없다. 쇼펜하우어는 독일에서 72년을 살았지만, 나는 78년 동안 리퍼블릭 오브 코리아에서 살아왔다.

물론 나에게도 비탄의 세월이 없었던 것은 아니다. 6·25 전쟁 때 남쪽으로 피난 온 건 그야말로 총체적인 비탄이었다. 우리식으로 표현하자면, 똥구멍이 찢어질 정도로 가난한 어린 시절을 보낸 것도 비탄의 시기였다. 유명 대중가수로 변신한 후, 한 번은 대통령 앞에서 예정에 없던 각설이

타령을 불렀는데, 그 때문에 대통령을 각설이로 비유했다는 이유로 남한산성에 있던 육군 교도소로 보내겠다는 겁박을 받았다. 또 『맞아 죽을 각오로 쓴 100년만의 친일선언』이라는 책을 냈다가, 사람들이 벌떼처럼 달려들어 나를 친일파로 몰아세우는 바람에 정말 책 제목처럼 맞아 죽을 뻔했고, 2년간 귀양살이를 해야 했던 일도 있었다. 게다가 막판에 '미술 대작 사건'까지 터져 5년 동안 유배 생활을 해야 했던 것도 비탄의 연속이었다.

　하지만 나는 타고난 낙천주의적 DNA를 무기로 '아, 이 세상이 나의 진정성을 몰라보는구나. 흠, 그렇다면 어쩔 수 없지. 버텨내야지' 하며 말 그대로 입 꾹 다물고 그냥 참아냈다. 그런데 쇼펜하우어는 이런 나의 낙천주의를 재난에 대한 조롱이라고 한다고? 어이가 없다.

　내 결론은 이거다. 좀 부끄러운 얘기지만, 나는 플레이보이 창시자 휴 헤프너를 이 시대 낙천주의의 대표주자로 추앙한다. 수많은 여자와 함께 살면서 인생을 즐기는 그를, 나더러 이제 와서 철학적으로 인류 재앙의 끝판왕이라고 조롱하라고? 글쎄, 쇼펜하우어가 내 시대에 살았다면 그렇게 비난 일변도로 평가절하할 수 있었을까? 내가 보기엔 쇼펜하우어는 그저 인생을 너무 비관적으로만 본 게 아닌가 싶다.

무료한 권태

쇼펜하우어: 인간에게는 모든 고뇌와 고통이 사라진 후에
도 무료한 권태만이 남아 있을 뿐이다.

조영남: 상식적으로 고통과 고뇌가 사라진 곳에는 포만감이
나 행복이 남아야 할 것 같은데, 쇼펜하우어는 그 자리에 무
료함과 권태스러움, 나태함만이 남는다고 말한다. 아주 비
관적인 답변을 내놓은 셈이다. 내 생각에 쇼펜하우어는 우리
삶의 참의미를 무참히 짓밟는, 말 그대로 심술궂은 철학자임
이 틀림없다.

독자 여러분께서는 나를 무모한 개똥철학자로 여길지
모르겠지만, 나는 여기서 또 한 번 어필해 보겠다. 어떤 근
거로 어필하냐고? 내가 니체나 쇼펜하우어보다 더 좋아하
는 이 나라의 시인 이상이 설명해 준 '권태'라는 단어를 통

해서다. 미리 말하겠다. 우리의 이상 시인은 권태를 삶 그 자체로 설명했다. 그는 문학적으로 멋을 내려고 그런 말을 한 것이 아니라, 있는 그대로, 그야말로 실존적으로 몸에 밴 철학을 표현한 것이다.

이상 시인의 수필 『권태』에 잘 나타나 있다. 그는 무료하고 따분하고 심심하다는 뜻의 무료함을 넘어서, 권태가 우리의 삶 자체, 삶의 본질이라고 말한다. 동네 개가 무심코 짖는 소리, 송아지가 음매 하고 우는 소리, 시골 어린아이가 길가에서 빠직 소리를 내며 똥 지리는 소리, 동네 아저씨가 장기 한판 두자고 청하는 소리, 이런 것들 전부가 권태에 속한다는 것이다. 그러나 그 권태는 우리 삶의 진짜 본질이자 참된 모습이라고 가르쳐주었다.

그런데 쇼펜하우어는 문학적 감성도 없이 그냥 싸잡아 무료함이나 권태를 쓰레기 취급했다는 점에 대해 나는 지금 불같이 화를 내며 그에게 대들고 있는 것이다.

그러므로 니체나 쇼펜하우어 같은 철학자들은 권태를 진정으로 사랑해야 한다고 선언한 우리의 시인 이상 앞에서 무릎을 꿇어야 한다. 박수! 짝짝짝!

궁핍의 고통, 부유함의 권태

쇼펜하우어: 궁핍한 사람들은 궁핍의 고통과 끊임없이 싸우고, 부유한 사람들은 무료함이나 나태함 또는 권태와 끊임없이 싸운다.

조영남: 사실 나는 궁핍의 고통에 대해선 할 말이 별로 없다. 어린 시절, 시골에서 살 때는 꽁치 한 마리나 두부 한 접시를 혼자 다 먹을 수 있는 날을 꿈꿀 정도로 가난에 찌들어 있었다. 대학 초년생까지도 방과 화장실이 한데 붙어 있는 집에서 사는 것이 큰 바람이었다. 그러나 서울 음대 2학년 때 미8군 쇼단에 전속 가수로 합격하면서 나는 그 징글징글하던 재정적 궁핍을 한 번에 떨쳐낼 수 있었다. 월급이 5만 원이었는데, 그 금액은 서울대 1학기 등록금에 버금가는 액수였다. 궁핍의 고통과 정면 대결해서 승리한 셈이다.

궁핍에서 벗어나 부유함으로 들어서면서, 나는 그저 하루하루 살아가는 일이 너무 급하고 재미있어서 나태함이나 권태로움과 만날 여유가 없었다. 지금은 남들이 말하는 부유한 사람이 되었다. 하지만 부유하다고 해서 무료하거나 나태할 틈은 없었다. 왜냐하면 나는 지금 대철학자 쇼펜하우어의 가르침을 따르며, 그가 말한 삶의 진정성을 증명해 내야 하기 때문이다.

게다가 이런 와중에도 갤러리에서 내 작품 전시를 열고 싶다는 연락이 오면, 나는 늘 작품을 대비해 두어야 한다. 무료하거나 나태할 새가 없다. 쇼펜하우어는 왜 그토록 우리 삶을 극단적인 표현으로 구사했을까? 아마도 그때는 지금보다 삶이 더 각박했기 때문일 수도 있다.

이 대목에서 문득 떠오른다. 우리 어머니, 김정신 권사님이 숨을 거두기 직전의 일이다. 그때 나는 무척 급해졌다. 나는 알고 있었다. 내가 벌어다 드린 돈을 권사님은 같은 교회의 몇몇 사람에게 빌려주었고, 그 이자로 생활을 이어가셨다. 그런데 채무 서류를 남긴 바가 없었기 때문에, 나는 어머니가 마지막 숨을 쉬고 있을 때 귀에 대고 큰 소리로 말했다. "엄마! 내가 돈 받을 사람 이름을 댈 테니까, 맞으면 눈만 깜박해. 박 장로님! 윤 집사님! 최 씨 부부!" 하지만 어머니는 아무런 반응도 보이지 않으셨다. 마치 나에게 이렇게 말씀하시는 것 같았다. '너는 젊으니까 네가 벌어서 먹고살아, 이놈아.'

그래서 나는 단 한 푼도 물려받은 돈이 없다. 그때가 궁핍의 끝판이었다. 그런데 여기서 문제 하나! 내가 사망 직전의 엄마에게 닦달한 행위는 무료함인가, 권태의 일종인가? 아마도 나는 궁핍을 벗어난 후에도, 그 마지막 순간까지도 이런 너저분한 일로 고민하고 있었던 것 같다.

절망에도 웃어라

쇼펜하우어: 같은 상황을 두고도 어떤 사람들은 절망에 빠지기도 하고, 어떤 사람들은 그냥 웃어넘기기도 한다.

조영남: 나는 청담동 아파트 9층에 산다. 엘리베이터에서 내리면 바로 내가 만든 '요강'이라는 작품이 보인다. 금박으로 덮인 조각이다. 이 작품은 아버지 조승초 씨와의 기억에서 비롯되었다. 아버지가 병석에 누우면서 나와 내 동생은 요강 비우기 담당이 되었다. 아침에 일어나면 요강은 오줌이 찰랑찰랑하게 차올라 있었다. 절망의 순간이다. 요강을 비울 거냐 말 거냐를 결정해야 하는데, 꽉 찬 요강을 양손으로 들어 밖으로 내갈 때는 왕왕 엄지손가락을 오줌에 담가야만 했다.

아버지는 요강 대신 깡통을 사용하기도 했다. 여름이면

밖으로 나가 밭에 뿌리는 게 귀찮아 주로 뒷창문을 열고 뒷마당에 뿌리곤 했는데, 그 깡통에 이끼가 끼고, 뒷문 쪽에서는 오줌 썩은 냄새가 진동했다. 나와 내 동생 영수는 그런 문제로 단 한 번도 다투지 않았다. 그냥 그러려니 하며 요강을 비웠던 것 같다. 아버지는 중풍으로 반신불수가 되었지만, 내가 기억하는 한 절망스러운 얼굴을 단 한 번도 보여주신 적이 없다. 늘 웃음을 머금은 얼굴이었다. 지금 돌이켜보면 그때야말로 절망의 한가운데 있었지만, 아버지도, 나도, 내 동생도 그 절망을 전혀 자각하지 못했던 것 같다.

웃기는 얘기 하나, 어느 고급 식당에서 웨이터를 하는 친구가 수프를 내오는데, 수프에 엄지손가락이 담겨 있었다. 손님이 물었다. "아니, 수프에 엄지손가락을 담그면 어찌합니까?" 웨이터가 대답했다. "엄지손가락을 다쳤는데 의사 선생님이 따뜻하게 간수하라고 해서요." 그러자 손님이 다시 물었다. "그럼 수프 이전에는 어디에 간수했습니까?" 웨이터는 엄지손가락을 자신의 엉덩이 사이에 대며 "여기요……"라고 했다.

웃어넘기는 일에 있어서는 영국의 전 총리 윈스턴 처칠을 능가할 수 없을 것이다. 어느 날 처칠이 많은 여성 앞에서 연설할 기회가 있었는데, 앞줄에 앉은 한 여성이 말했다.

"총리님, 앞 지퍼가 열렸네요." 이에 처칠이 이렇게 대답했다. "죽은 새는 창밖으로 날아갈 수가 없죠."

이렇듯, 때로는 절망의 순간에도 웃음이 답이 될 수 있다. 쇼펜하우어가 말한 것처럼, 절망에 빠지지 않고 그냥 웃어넘기는 것이야말로 삶을 살아가는 지혜일지 모른다.

혼자 있을 줄 몰라서 생기는 문제

쇼펜하우어: 모든 나쁜 문제는 혼자 있을 줄 몰라서 생긴다.

조영남: '혼자 있을 줄 몰라 나쁜 문제가 생긴다.' 이게 무슨 말인가, 무슨 뜻인가. 분명 쇼펜하우어는 혼자 있는 시간을 제대로 활용하지 못하면 문제가 생긴다고 말한 것 같다. 그렇다면 나는 혼자 있는 시간을 어떻게 대처했는가? 내 패턴은 아주 뻔하다.

혼자가 되면 가장 먼저 '뭘 할까?'라는 생각을 한다. 적절한 일이 없을까 궁리하다가, 보통은 친하게 지내던 여자 친구들에게 전화를 건다. 밥 먹고 영화 한 편 보자는 내용의 전화다. 약속이 정해지면 영화 시간에 맞춰 식사를 하고 영화를 본다. 그런데 약속이 안 되거나, 영화가 끝난 후에는 다시 밀려오는 짧은 적막의 시간, 그럴 때 나는 우선 TV를 켠다. 마땅한 프로그램이 없으면 차선책으로 그림을 만지 작거리거나, 책을 골라 읽거나, 기분이 나른해지면 졸음에 빠지거나, 멍하니 시간을 보내기도 한다.

나는 낚시나 바둑, 등산 같은 취미가 없어서 혼자 시간을 보내는 게 그리 흥미롭지는 않다. 하지만 그렇다고 해서 혼자 있다고 나쁜 짓을 구상해본 적은 거의 없다. 예를 들어 은행을 터는 이야기는 영화에서나 많이 봤지, 실제로는 그런 짓을 할 이유가 없었다. 그나마 천만다행이다.

쇼펜하우어의 말에 따르자면, 혼자 있는 시간을 잘 보내는 것이 중요한데, 나는 이 부분에서 그렇게 나쁜 문제가 생기지는 않았던 것 같다. 혼자 있을 때 무엇을 하느냐에 따라, 그 시간이 우리의 삶에 어떻게 영향을 미치는지가 결정되는 법이다.

죽고자 한다면

쇼펜하우어: 사람이 극도로 정신적, 육체적 고통에 이르면 자살을 결행하기가 수월해진다.

조영남: 나도 두세 차례 자살 충동에 시달린 적이 있다. 하지만 단 한 번도 자살을 결행한 적은 없다. 그때마다 그럭저럭 버틸만했기 때문이다. 믿기 어려울지 모르지만, 내 주변에도 자살한 친구가 있다. 겉보기에는 그럴 만한 이유가 없었는데도 그렇게 했다. 또 다른 경우도 있다.

　내 주위에는 유명한 재벌 출신의 친구가 하나 있는데, 세상을 비관해 한강 다리 위에 섰다가 본인이 UDT 출신이라 쉽게 수영해서 살아날 것 같아 일단 집에 돌아갔다. 다음날에는 백팩에 무거운 돌을 넣고 다시 한강 다리에 서서 뛰어내리려는 순간, 경찰이 다가와 "왜 이러십니까?"라고 물어서 미수에 그친 친구도 있다. 또 한 명은 사업 실패와 검사의 독촉에 비관해 실제로 한강에 뛰어들었는데, 얼마 후 눈을 떠보니 25일 만에 병원 천장을 보게 된 친구도 있다. 그의 하복부가 강물과의 마찰로 갈기갈기 찢겼지만, 현대 의술이 워낙 좋아 다시 살아나 사업을 다시 일구어 크게 성공했다. 내일모레 함께 저녁을 먹기로 했는데, 만날 때마다 나는 그 추락 이야기를 묻곤 한다. 매번 들어도 신기하다.

독자님들이여, 영동대교는 우리 아파트 바로 앞에 있다. 5분도 안 걸린다. 이 책이 안 팔리면 나는 거기서 비관 점프할지도 모른다. 괜히 나 죽고 나서 뒤늦게 "한 권 사줄걸" 하지 말고, 지금 당장 사시라. 그렇지 않으면 다음 날 아침 신문에 이런 기사가 실릴지도 모른다. "조영남, 책이 안 팔려 영동대교 투신." 내가 생각해도 참 더럽고 치사하다.

하지만 이런 농담이 웃어넘길 수 있는 이유는, 아직도 나에게는 삶에 대한 애착이 남아 있기 때문이다. 쇼펜하우어가 말한 대로 극단적인 상황에서 자살을 결행하기가 수월해질 수 있지만, 그럼에도 불구하고 우리는 그 순간에도 무엇인가 붙들고 살아가려는 힘이 존재하는 것 아닐까?

현재의 귀중함

쇼펜하우어: 우리는 매일매일 우리 앞에 펼쳐지는 순간 중에서도, 바로 지금 이 순간, 현재를 가장 귀중하게 여겨야 한다.

조영남: 현재를 귀중히 여기는 문제는 여러 다른 문제보다도 가장 중요한 문제일 것이다. 어느 공중화장실에 이런 낙서가 쓰여 있었다.

"주 예수 그리스도는 당신을 위해 십자가를 등에 지고 골고다 언덕을 넘어가고 있는데, 당신은 이 순간 무엇을 하고 있는가?"

그 옆에 이렇게 쓰여 있었다.

"똥 싸고 있다. 시캬!"

이 짧은 대화 속에, 쇼펜하우어가 말한 현재의 귀중함이

담겨 있는지도 모른다. 지금 우리가 무엇을 하든, 그것이 아무리 사소해 보일지라도 그 순간에 충실하고, 그 순간을 귀중하게 여기는 것이야말로 진정한 삶의 의미일 것이다. 쇼펜하우어가 강조한 대로, 바로 지금 이 순간이야말로 우리가 온전히 집중해야 할 시간이다.

인간의 고유한 이기심

쇼펜하우어: 자연 속에 존재하는 우리 인간의 고유한 이기심은, 마치 넓은 바다 위에 그저 한 방울에 불과한 우리 자신을 조금이라도 오래 유지하기 위해 이 세상을 멸망시킬 준비가 되어 있다는 사실을 보여준다.

조영남: 나도 글깨나 쓴다고 자부해왔지만, 와! 이 문장은 내가 지금까지 읽은 어떤 문장과도 비교할 수 없을 정도로 강렬하다. "이래서 쇼펜하우어구나, 이래서 괴테도 감탄했고 톨스토이도 경탄했구나" 하는 생각이 절로 든다. 인간의 오래 살고자 하는 본능적인 욕구를 이렇게나 깔끔하게, 사소한 이기심으로 축약시켜 놓았으니, 얼마나 명료하고 정확한가.

나는 마치 오래전에 우리의 시인 이상을 발견한 것만큼이나 쇼펜하우어를 알게 된 것을 놀랍게 생각한다. 그리고 지금 얼마 남지 않았지만, 죽을 때까지 쇼펜하우어의 추종자, 우리 식으로 말하자면 똘마니가 될 것을 자청하는 바이다.

나의 쇼펜하우어를 향한 존경심은 그의 표현대로 이 우주를 멸망시키고 싶을 정도다. 인간의 본능적 이기심을 이렇게나 정확하게 파악한 쇼펜하우어의 통찰은 나를 그에게 더욱 끌리게 만든다. 이제 나는 그의 철학을 배우고, 그 가르침을 삶 속에서 실천하려는 결심을 더욱 굳히게 된다.

매일 생기는 문제

쇼펜하우어: 사람들은 매일매일 생기는 문제들과 씨름하며 살아가는 첫 번째 인간형과, 대충대충 걱정을 얼버무리며 살아가는 두 번째 인간형으로 나뉜다고 볼 수 있다.

조영남: 내 경우는 후자에 속한다. 나는 대충 얼버무리며 살아가는 편이다. 어느 날, 여자친구들에 대해 얘기하면서 내 남자 동료에게 "내 여친들이……"라고 떠들어댔다. 그런데 그중 한 여자친구가 이렇게 말했다. "영남 씨는 그냥 일방적으로 우리를 '여친'으로 몰아가는 것 아시죠?" 나는 뜨끔했다. 그 말이 맞았다. 나는 일방적으로 그들을 여자친구라 부르고 서열을 매기곤 했다.

참으로 내 여사친들은 착하다. 그러나 나는 이 일방적인 버릇을 죽을 때까지 못 고칠 것 같다. '여친'을 굳이 '여사친'

으로 불러야 하는 건 좀 비겁한 것 같다. 내가 미국에 가서 처음 문화 충격을 받았던 것 중 하나가 바로 '걸프렌드'라는 단어였다. 미국에서는 '걸프렌드'가 곧 '러버Lover'와 같은 의미로 쓰였다. 이건 큰 문제다.

나는 누가 뭐래도 여사친이 아니라, 여친으로 부를 것이다. '여자 사람 친구'라는 말은 너무 억지스럽다. 여자친구를 여친으로 짧게 부르는 것은 내가 치열하게 씨름하며 얻어낸 결과다. 지금도 그 문제에 대해 싸우고 있는 중이다. 그래서 나는 여사친이 아닌, 그냥 여친으로 칭하며 살아가겠다.

그리고 이 결심에 대해 저항이 있을지 몰라도, 나는 내 방식대로 살아갈 것이다. 안티로부터 짱돌이 날아오는 소리가 들리더라도 말이다.

2장

행복과 불행에 관하여

겸허와 겸손

쇼펜하우어: 선량하고 온화하며 겸허한 성격을 가진 사람은 궁핍이나 가난 속에서도 만족을 느낄 수 있다.

조영남: 사람이 사람다우려면 먼저 심성이 선량해야 한다. 이건 전혀 어려운 말이 아니다. 극히 지당한 말씀이다. 선량한 사람이나 온화한 사람이 이 거친 세상을 살아가는 데 훨씬 유리하다는 얘기다. 믿거나 말거나 나는 선량한 마음씨나 겸허한 마음을 가지고 태어나지 않은 것 같다. 그래서 평생을 그 문제로 괴로워해 왔다. 나는 특히 가수로 성공한 후에도 한참 지나서야 겸손의 중요성을 깨닫게 되었다. 조금 늦은 감이 있지만, 결혼 전까지만 해도 겸허나 겸손이란 단어의 존재를 알았지만, 그것을 실제로 실천해야 한다는 생각은 하지 못했다. 오히려 거친 세상을 살아가는 데 있어 양보

나 착한 겸허는 손해라고 생각했다. 많은 사람이 아직도 그렇게 생각한다. 그러나 나는 다르다. 살다 보니 겸허, 겸손이 오만이나 야비함보다 더 우수하게 보일 때가 많아졌다.

그래서 나는 〈겸손은 힘들어〉라는 노래까지 만들었다. 동시에 나는 화투 그림을 작품으로 만들며, 화투 마흔여덟 장 중에서 4흑싸리가 가장 낮은 끗발로 쓰인다는 것을 알고 4흑싸리 넉 장을 세트로 그려 놓고 〈겸손은 힘들어〉, 영어로 〈Hard to be Humble〉이라는 제목을 붙였다.

겸허나 겸손은 내가 이 풍진 세상을 살아오면서 나를 가장 괴롭힌 문제다. 공부면 공부, 음악이면 음악, 미술이면 미술, 글짓기면 글짓기까지, 깡촌 시골에서 나는 뭐든지 제일 잘하는 편이었으나, 워낙 사는 곳이 시골이라 좀처럼 재능을 보일 기회가 없었다. 겨우 학교 학예회나 크리스마스때 교회에서나 내 능력을 보일 수 있었다. 그러다 서울로 상경해 전국 고등학교 성악 콩쿠르에서 1위에 입상하고, 대학에 들어가 학내 오페라 주연으로 발탁되며, 쎄시봉의 주선으로 미8군 쇼단의 정식 가수로 취직하고, TV에서 〈딜라일라〉를 부르며 세상이 내 손안에 있다고 느꼈다. 기고만장한 시절이었다.

마침 을지로6가 동대문운동장 앞에 아이스링크 체육관

이 세워졌고, 나는 마치 나를 위해 만든 시설 같다고 느꼈다. 어릴 때 시골에서 아버지가 만들어주신 썰매로 놀던 기억이 떠올랐다. 썰매를 타고 전진할 때는 문제가 없었지만, 멈출 때는 다른 아이들이 옆으로 딱 서는 것과 달리, 나는 10여 미터쯤 밀려 내려가다 멈추곤 했다. 그때의 비굴한 마음은 지금도 기억난다.

그래서 나는 동대문 아이스링크로 달려가 새 스케이트를 사서 연습을 시작했다. 두세 달이 지나니 코너를 돌며 발을 바꾸는 것도 자유자재로 할 수 있게 되었다. 누가 믿겠는가? TV에서 스케이트 타는 연예인만 출연하는 오락 프로그램을 하자는 말이 나왔다. 그런데 이 프로그램이 난관에 봉착해 무산될 위기가 있었다. 원인은 사회를 맡은 김동건 선배가 스케이트를 탈 줄 몰라 반대했다는 것이었다.

나는 그에게 "형, 사회자는 그냥 서서 사회만 보면 되는 거 아니냐?"라고 설득했다. 하지만 김 선배는 스케이트를 안 신고 얼음판에 서 있으면 우스워진다고 했다. 나는 "형, 한 시간 전에만 나와봐. 내가 한 시간 내로 서 있는 방법을 알려줄게"라고 말했다.

당일, 김동건 선배는 낡은 스케이트를 신고 나타났다. 나는 "형! 내가 쇼 끝나고 새 스케이트 하나 사줄게"라고 약속했다. 나는 선배의 한쪽 손을 잡고 좁은 출구로 나오는 것까지는 성공했다. 그런데 어느새 선배가 나의 양손을 잡고 뒤로 내닫기 시작했다. 나는 속으로 '아, 속았구나' 하며 한 바퀴를 돌고 내 손을 놔주었다. 독자 여러분, 믿어달라. 그날의 개망신 이후, 나는 어디 가서 뭘 잘한다는 말을 단 한 번도 내 입으로 한 적이 없다.

겸허와 겸손, 그것은 나에게 평생의 숙제였고, 지금도 그렇게 느낀다.

행복은 과거형

쇼펜하우어: 모든 행복은 과거형이다.

조영남: 내가 가장 신나서 떠드는 연애 이야기들, 이런 건 전부 몇 년 전의 이야기들이라서 과거형이다. 요즘의 연애 이야기라 해도 결국에는 과거형이 된다. 왜냐하면 연애하면서 행복감을 느끼는 바로 그 순간, "잠깐만 기다려 줘, 내가 지금 우리의 행복감을 잠시 기록해 놓고 다시 시작할게"라고 말할 수는 없지 않은가.

행복뿐만 아니라 모든 불행도 과거형이다. 우리 인생의 모든 감정과 경험은 지나가 버린 뒤에야 비로소 평가되고 기억된다. 그래서 행복은 언제나 과거의 것이며, 그 행복을 떠올리며 미소 짓게 되는 것도 결국 지나가 버린 순간들 덕분이다. 지금 이 순간의 행복도 결국에는 과거의 한 페이지로 남아 회상되기 마련이다.

내가 없어도 세상은 잘만 돌아간다

쇼펜하우어: 내가 없어도 세상은 잘만 돌아간다.

조영남: MBC 라디오 프로그램 〈지금은 라디오 시대〉를 진행하던 중, 미술 사건으로 기소되면서 방송이 자동으로 중단되었다. 당시 나는 생각했다. '내가 없으면 그 프로그램은 안 될 거야.' 하지만 웬걸, 10년이 지난 지금도 그 프로그램은 나 없이도 잘 돌아가고 있다.

그렇다. 나는 젊었을 때 한때, 인순이와 함께 KBS 〈열린 음악회〉의 최다 출연자가 되면서 '내가 없으면 〈열린 음악회〉는 존재할 수 없을 거야'라고 생각했다. 그런데 무슨 소리인가? 그 후로도 〈열린 음악회〉는 조영남 없이도 오래오래 방송을 이어가고 있다.

세상은 나를 붙잡고 늘어지지 않는다. 오히려 세상은 점

점 나로부터 멀어져 가고, 내가 오히려 세상을 부여잡고 애걸복걸하는 꼴이다. 이렇듯, 내가 없어도 세상은 잘만 돌아간다. 내가 있어야만 세상이 제대로 돌아갈 것 같다는 생각은 그저 내 착각일 뿐이었다.

모욕을 호의로 바꾸어라

쇼펜하우어: 모욕이 예상되면 그것을 호의로 바꾸어라.
복수로 해결하는 것보다 훨씬 지혜로운 처사다.

조영남: "세계에서 가장 우울한 나라." 어느 외국 사회학자
가 중국이나 일본도 아닌 우리 대한민국을 일정 기간 방문해
다큐멘터리로 찍어, 그 방문 기록문을 공개했는데, 그때의
총 제목이 마치 내 가슴을 예리한 흉기로 찌르는 듯했다.

"세계에서 가장 우울한 나라." 이 글귀가 우리나라, 대한
민국, 리퍼블릭 오브 코리아를 칭하는 것이라니. 온몸이 모
욕감으로 부르르 떨렸다. 그런데 왜 내가 그토록 열을 받았
을까? 나는 그동안 우리나라를 "세계에서 가장 살기 편한
나라"로 굳게 믿어왔기 때문이다. 내가 우리나라를 자랑할
때면, 제일 먼저 내세우는 것이 여자가 농촌이든 도시든 야

밤에도 맘 놓고 다닐 수 있는 나라라는 점이었다. 또 공중 화장실이 세계에서 가장 깨끗하고, 약국이나 식당이 어느 골목길에나 있는 나라라는 것도 자랑거리였다. 자세히 알고 싶다면, 현 헌정회 회장인 정대철 형에게 직접 물어보면 시원하게 대답해 줄 것이다. 정대철 회장의 강연을 한 번 들어본 적이 있는데, 많은 사람이 듣는 자리에서 그렇게 말한 적이 있다. 그런데 외국 사회학자가 우리나라를 "세계에서 가장 우울한 나라"로 보는 이유 중 하나는 자살률이 세계 최고라는 것이다. 또 세계 최고의 고령 국가라는 점도 한몫했다. 물론 그가 우리를 제대로 본 것은 틀림없다.

나도 자살이라는 단어를 심각하게 고려했던 적이 있다. 바로 『맞아 죽을 각오로 쓴 100년만의 친일선언』이라는 책을 냈을 때였다. 책이 발간되자마자 나는 하루아침에 이완용의 친동생으로 몰려 거의 뭇매를 맞을 정도였고, 즉시 방송계에서 퇴출당해 유배 생활을 해야 했다. 무려 2년이나 박해를 받아 내 인생과 경력이 거기서 끝나는 줄 알았다.

거기에 우리나라가 세계 최고의 고령 국가라는 낙인까지 찍혔다. 내 나이를 생각해 봐도 그렇다. 더구나 우리나라는 고소·고발의 1등 국가이자, 부모를 살해하는 1위 국가라는 이야기도 들었다. 그 이후로 내 입에서 우리나라 자랑은

뚝 끊어졌다.

하지만 쇼펜하우어가 말했듯이, 이 모욕을 어떻게든 호의로 바꿀 수 있다면, 그게 복수보다 더 현명한 길이 아닐까? 우울한 현실을 인정하면서도, 그 속에서 긍정적인 변화를 만들어가는 것이야말로 진정한 지혜일 것이다.

쇼펜하우어의 큰일 날 소리

쇼펜하우어: 남성은 형편이 허락되면 1년 12개월에 100명 이상의 자식을 낳을 수 있지만, 여성은 아무리 많은 남성을 만나도 1년에 한 명 이상을 낳을 수 없다. 그래서 남성은 다른 여성을 탐내지만, 여성은 남편 한 명만 바라보며 산다.

조영남: 나는 쇼펜하우어의 인생에 관한 책을 읽으면서 가끔 깜짝깜짝 놀라곤 한다. 오늘도 그렇다. 남자는 1년에 100명 이상의 자식을 생산할 수 있지만, 여자는 아무리 많은 남성을 만나도 1년에 고작 한 명밖에 낳을 수 없다는 말에 놀랐다. 왜 이런 뻔한 사실, 뻔한 팩트를 이제야 알게 된 걸까? 왜 그동안 나를 가르쳤던 선생님들, 교수님들, 그리고 선후배님들은 이런 초보적인 수치도 나에게 가르쳐 주지 않았던

걸까?

　뭐라고? 그건 상식적인 문제 아니냐고? 내가 충격을 받은 건 쇼펜하우어가 남자 100명, 여자 1명의 구조를 극히 자연스러운 현상으로 설명하며, 남자가 새로운 상대를 찾는 것은 자연현상에 지나지 않는다고 주장하고 있다는 것이다.

　하지만 지금은 2024년이다. 쇼펜하우어처럼 남자는 바람을 피워도 되고, 여자가 바람을 피우면 벌을 받아야 한다는 식의 발언을 했다가는 쇼펜하우어도 작살날 것이 뻔하다. 그래서 나는 순진무구했던 쇼펜하우어 선배에게 이런 충고를 남기고 싶다.

　"쇼 선배님의 말씀은 잘 알아듣겠는데, 이 대목, '남자는 자연현상에 따라 바람피워도 되고, 여자는 안 된다'는 요점만은 취소해 주시는 것이 현명해 보입니다. 쇼 선배님은 어땠는지 모르지만, 저도 딱 한 번 다른 여성을 탐하다가, 소위 바람피우고 그 결과 집에서 쫓겨났습니다. 사람들로부터 맹비난을 받고, 지금까지도 안티 세력에게 구박받고 있는 처지라서 이런 구차한 말씀을 드리는 겁니다.

　쇼 선배님, 한국의 개똥철학자인 제 체면만 살려주십시오. 쇼펜하우어 선배, 조금만 더 현실적으로 생각해 주시면 좋겠습니다."

행복에 가까워지는 방법

쇼펜하우어: 행복에 가까워지는 확실한 방법은 고통을 얼마나 잘 견디느냐에 달려 있다. 행복한 인생을 결정짓는 최고의 가치는 인내력이다.

조영남: 쇼펜하우어의 말은 마치 $E=mc^2$라는 아인슈타인의 상대성이론처럼 깔끔하고 명확하다. 행복은 고통을 견뎌내는 것이다. 그렇다면 나는 과연 어떤 고통을 겪고 이겨냈는가? 즉시 떠오르는 것이 있다. 내 경우는 좀 특이하다. 나는 가수인데도, 내 고통은 음악과 관련된 것이 아니라 엉뚱하게도 '미술 대작 사기 사건'에 얽혀 6년간 법정에서 재판을 받아야 했던 일이다.

사실 법정 투쟁보다도 더 참기 어려운 고통은 "조영남이 미술 사기를 쳤다"는 누명이었다. 단순히 취미로 시작된 일이었는데, 화가로도 알려지면서 일이 커진 것이다. 문제는 내가 직접 그림을 그린 것이 아니라, 조수를 고용해 그린 그림을 팔아 이익을 챙겼다는 것이었다. 그로 인해 기소되었고, 이미 팔았던 그림을 환불해주는 바람에 벌어놓은 돈을 모두 날리고, 현재 살고 있는 아파트 한 채만 남게 되었다. 비록 고급 아파트가 남아 있어도 그 시절은 고통 그 자체였다.

더 큰 고통은 나에 대한 평판이었다. 가수로서의 명예, 화가로서의 명예가 한순간에 추락했다. 그러나 쇼펜하우어의 말처럼, 6년간의 고통을 인내해내니 결국 법정에서 무죄 판결이 났다. 그리고 그 순간, 나는 행복으로 가득 찼다.

쇼펜하우어가 말한 것처럼, 고통을 견디는 힘이 결국 행복을 결정짓는 요소임을 몸소 경험한 셈이다. 고통을 견딘 끝에 찾아오는 행복은 더 깊고 값진 것이다.

행복 찾기 조언

쇼펜하우어: 인생에서 절대적으로 의지할 수 있는 것들을 두 배로 쌓아라. 한 가지에만 매달리고, 한 가지 수단만 믿어서는 안 된다. 성공의 조건은 강력한 의지를 가지는 것이다.

조영남: 쇼펜하우어의 책에서는 발견하기 힘든 자상한 행복 찾기 조언이 여기에 차고 넘친다. 의지할 수 있는 것을 두 배로 늘려라. 이게 실상 무엇이든, 좋은 것을 두 배로 늘린다는 건 여간 쉬운 일이 아니다.

　내가 군 복무 시절부터 그림을 그린 것도, 쇼펜하우어의 고언대로 평생 의지할 수 있는 것을 두 배로 쌓아 놓는 기술의 일환이었다고 생각할 수 있다. 내가 군에 입대했을 당시, 믿지 않겠지만, 나는 지금의 임영웅, 김호중만큼 인기가 절정이었다. 조치원에서 신병 훈련을 이수한 후 배치받은 곳은 용산 육군본부 합창대였고, 낮에는 군에서 받은 행정병 책상에 앉아 사무를 보는 직책을 맡았다. 그런데 난리가 났다. 내가 근무하는 사무실 복도 유리창으로 나를 구경하는 군인들, 특히 여군들이 너무 많아서 중대장은 나더러 사무실 밖으로 나가 합창실이나 육군회관 청소를 하라고 지시했다. 시간이 무진장 남아돌던 그때, 나는 자연스럽게 그림 그리는 일에 몰두하게 되었다.

당시에는 의지할 수 있는 일을 두 배로 늘린다는 고차원적인 생각은 전혀 없었다. 그저 시간이 남는데 뭘 할까 하다가 초중고 시절 해왔던 미술을 다시 시작한 것이다. 나는 용문고교 때 이미 미술부장이었다. 특별 외출 때는 당시 여자 친구였던 윤여정의 집 마루에 엎드려 끊임없이 그림을 그렸다. 그때 옆에서 통기타를 연습하고 있던 친구가 바로 〈아침이슬〉을 작사, 작곡한 당시 서울미대 회화과 2학년 재학생이었던 김민기였다. 쇼펜하우어의 말처럼, 의지할 수 있는 친구를 두 배로 늘리는 일이 김민기와의 우정에서 실현된 셈이다.

김민기와 나는 나이 차이가 5년이나 되지만, 그 나이 차이를 느끼지 못할 만큼 친밀한 우정을 유지해 왔다. 제대 후 나는 미국에 가기로 약속이 되어 있었는데, 그때도 너무 많은 그림을 그려 놓았다. 김민기는 "전시회를 열지 뭐"라고 말했고, 나는 "야, 딴따라 전시를 누가 해주겠어"라고 답했다. 하지만 김민기는 내 그림 두 점을 들고 윤명로 서울미대 교수를 찾아갔고, "가수가 안 됐으면 화가가 될 뻔했다"는 칭찬을 들었다. 김민기는 안국동에 위치한 한국갤러리라는 화랑을 대여하는 데 성공했다.

돌아보니, 김민기는 타고난 기획력을 가지고 있었다. 미술 전시 팸플릿에 추천글을 써 줄 사람이 없어서 김민기가 "그럼 할 수 없이 내가 써야겠구먼" 하며 써준 글이 있다. 제목부터 심상치 않다. 〈가령 조영남 씨의 작품전을 보고……〉 내용은 이렇다.

그가 미술 교육을 전혀 받지 못한 비전문가라고 생각할 때, 그의 작품전을 놓고 어떤 고차원적인 의식상의 문제나 높은 예술성 같은 것을 논한다는 것은 매우 무리일 것이다. 아그리파나 줄리앙의 석고 데생도 해 보지 못했고 그래서 가장 기초적인 조형 훈련도 쌓지 못하였으며 또 그가 저속한 유행가 가수라는 점을 보아서도, 그리고 지적인 수준에 있어서도 매우 통속적인 범주를 벗어나지 못할 것이다. 또 외국인이나 이미 오래전에 살았던 한국인에게만 있었던 탁월한 예술적 소양도 지금 여기에 살고 있는 그에게는 결코 있을 리가 없다는 것을 생각할 때, 더구나 우리나라의 문화적 후진성이나 미개적 상황을 볼 때 더욱 그러한 것이다.

따라서 그의 작품이 갖는 의의란 그가 아마추어로서 치기스럽지만 꽤 열심히 노력한 흔적이 보였다는 것 이외에는 다른 아무것도 없을 것이다. 그러나 예술이 아무나 하여서는 안 되는 것이듯이 미술 전람회 역시 아무나 함부로 가져서는 안 될 것이다.

한 작가가 작품전을 열게 될 때는 그 안에 매우 고상하고도 영적인 어떤 필연적인 이유가 있는 법이다. 그래서 그 전람회는 훌륭한 것이고 또 그 예술은 숭고한 것인데 그토록 고귀하고 모든 세속적인 요소가 전혀 추방된 예술가들의 성역에서 이따위 전람회가 열림으로써 일반 무식한 대중들이 예술가라는 것을 행여 그와 어떤 유사한 것 같은 계통의 것으로 생각할까 너무도 두렵다는 것을 나뿐만 아닌 우리나라의 많은 식견 있는 사람들이 생각하는 것이리라.

예술가란 실로 위대하고 훌륭한 것. 또 사람의 편이 아니고 저편 담 너머에서 어떤 사람들만 가지고 놀면서 낄낄거리고 좋아하여야 하는 것이어서 설령 얼핏 마음이 끌리는 작품이 하나 있다 하더라도 그것이 곧 예술일 수는 없는 것이다. 가령 외국의 현대적인 많은 작품 중에 서로 감각적으로 우리에게 손쉽게 어필하는 많은 작품이 있다. 그러나 그러한 작품들이 뒤에 숨어 있는 너무도 고차원적인 예술성이란 우리처럼 저속한 인간들에겐 마치 돼지에게 주어진 진주만큼이나 높은 경지인 것이다.

그러한 높은 경지의 작업은 흉내도 낼 수가 없다 치더라도 우리의 지난날의 예술들, 혹은 오늘날의 훌륭한 동양 화가들이 제작하는 좋은 예술들을 흉내 내는 데에서도 그 귀한 도구들을 빌려다 이토록 비화시켜 버린다면 이 또한 너무도 어처구니없는 노릇이다. 어쨌든 이 이상 어떠한 예술적이나 철학적인 얘기를 덧붙일 수도 없는 그의 작품전에서 그에 대한 최대의 찬사일 것이며 이제 그가 저속한 가수라는 점과 그의 치졸한 작품전에 최대의 동정을 보내는 바이다. 라는 이야기들은 완전히 반대이거나 거의 다 틀린 이야기들일 것이다.

김민기

그때 김민기가 써준 순 한글식 사인은 나는 처음에 '김 맹갈'로 읽었다. 그만큼 그 글씨가 독특하고 개성이 넘쳤다. 그렇게 가수 나부랭이의 미술 전시회는 무난히 끝이 났다.

세월이 한참 흐른 후에, 《경향신문》의 기자였던 유인경이 중학교 2학년 때 나의 '제1회 안국동 한국화랑 전시회'를 직접 관람했다는 얘기를 들었다. 그 이야기를 듣고, 나는 그 시절에 대한 회상에 잠기게 되었다.

그러나 그 전시회에서 무엇보다도 가장 큰 수확은, 김민기의 추천글을 통해 우리의 김민기가 얼마나 놀라운 천재였는지를 깨닫게 된 것이다. 그는 22세의 나이에 쓴 추천글에서 이미 그의 비범한 재능을 보여주었는데, 이는 25세에 바젤대 교수가 된 프리드리히 니체나, 역시 25세에 베를린대 교수로 취임한 아르투어 쇼펜하우어 못지않은 천재라는 것을 알게 해준 계기가 되었다.

김민기가 약관 22세 때 쓴 그 글은, 나중에야 그가 얼마나 뛰어난 인물인지, 그리고 그 나이에 쓴 글이 얼마나 의미심장했는지를 되새기게 해주었다.

위대한 사람들에게 공감하라

쇼펜하우어: 위대한 사람들에게 공감하라. 위대한 사람들에게 끌리는 건 당신 안에도 위대함의 영웅적 특질이 있기 때문이다.

조영남: 만일 내 생각을 통칭해서 사상이라 부른다면, 나의 사상은 어머니 김정신 권사님의 뱃속에서부터 내가 크리스천이라는 것이다. 나는 타고난 기독교인이다. 그래서 내 최초의 위대한 영웅은 예수다.

고등학교 때는 내 영웅이 또 하나 늘어났다. 교과서에서 읽은 소설 「날개」가 내 마음속에 자리 잡으면서, 또 다른 영웅이 된 사람은 위대한 시인 이상이다. 이상 시인의 시가 너무도 난해해서, 그의 시를 몽땅 해설한 책이 없다는 것을 알았고, 모험 삼아 내가 해설한 저서가 바로 『이상李箱은 이상

異常 이상以上이었다』이다.

신학을 공부하던 중에 나의 또 다른 영웅이 생겼다. 그가 바로 혁명가 체 게바라다. 공부 도중에 잠시 서울로 들어와 공연했던 뮤지컬 〈에비타〉에서, 내가 열연했던 남자 주인공이 바로 체 게바라였다. 나는 그가 살아 있는 예수로 보였기 때문에 자연스럽게 나의 영웅이 되었다.

그렇다면 쇼펜하우어는 나에게도 이 위대한 영웅들과 비슷한 특질이 있다고 말해주는 건데, 하하하! 나한테 예수, 이상, 그리고 체 게바라의 특질이 있다고? 나는 그 기질을 어디에 숨겨두고 있는 걸까? 어이가 없다. 진짜 웃긴다. 하하하!

하지만 한편으로 생각해보면, 내가 이 위대한 인물들에 매료된 것은 어쩌면 그들의 위대함을 내 안에서 공감했기 때문일지도 모른다. 그래도 이 기질이 나에게 있다고 믿는 건 조금 과하긴 하지만, 이 위대한 영웅들이 나에게 영감을 주고 나의 삶에 큰 영향을 미쳤다는 것은 분명하다.

아! 잠깐! 깜빡했다. 잡스가 있다. 스티브 잡스. 나는 스티브 잡스와 맞서려고, 뭐? 네깟 놈이 감히 스티브 잡스에게 맞선다고? 그래! 난 맞서려고 했다. 왜 맞서느냐고? 난 원래 타고난 기계치인데 아이폰이라는 기계가 바로 기계이기 때문에 무조건 생리적으로 싫었다. 나는 말 그대로 꼰대적인 마음으로 인간의 감정은 결코 기계를 통해 전달될 수 없다는 생각에 사로잡혀 있었다. 그래서 최근까지 나는 아주 작은 휴대폰을, 전화 통화만을 위해서 사용했다. 그러다 불과 몇 년 전 어떤 처음 만난 친구가 공교롭게도 여성이었다. 무상으로 지금의 휴대폰을 주는 바람에 그걸 쓰기 시작했는데 와! 이 좋은 걸 왜 그동안 내가 몰랐지? 하게 되었다.

나는 트랙 경기, 그러니까 육상경기를 너무 좋아해서 몇 년 동안이나 딸한테 부탁을 했었다. "야! 몇 년도 하계올림픽 트랙 경기를 CD로 구워다 주라." 거지 구걸하듯 구해다 들여다보곤 했다. 그런데 스티브 잡스의 휴대폰을 받고 보니 와! 유튜브라는 것의 버튼만 누르면 육상 선수뿐만 아니라 쇼트트랙, 스피드 스케이팅, 각종 격투기 등등 한도 끝도 없이 줄줄이 나오는 것이었다. 따라서 스티브 잡스는 이상이나 쇼펜하우어보다 높은 예수 다음의 자리에 올려놨다. 왜냐하면 스티브 잡스는 우리 인류의 전혀 새로운 문명사회로 탈바꿈시켜놨기 때문이다.

내 생각엔 단기 서기를 지나 AD, 혹은 BC를 지나 스티
브 잡스의 첫머리 글자 S를 넣어 SC 시대로 옮겨야 할 만큼
나의 생태적 영웅이다.

오래 사는 것, 장수에 대하여

쇼펜하우어: 오래 사는 것, 장수는 독이다. 인간의 장수는 저 넓은 밤하늘에 떠 있는 작은 별과 흡사하다. 멀리서 깜빡거리는 그 별에는 누가 이름을 붙여주지도 않고, 특별히 기억해 주는 사람도 거의 없다.

조영남: 쇼펜하우어의 이 말은 절묘한 시각이자 통찰력이다. 사람의 늙음을 밤하늘의 이름 없는 별에 비유하다니, 경탄할 수밖에 없다. 그러니까 지금의 나는 밤하늘의 이름 없는 별이 되어, 지상을 훔쳐보고 있는 신세다. 나는 지상에서 힘들게, 그리고 어쩌면 비극적으로 살아가는 늙은이 중 하나인 셈이다.

　하지만, 그렇다고 해서 내가 쇼펜하우어의 말대로 비극적인 삶을 살아간다고 말하고 싶지도 않고, 그저 평범한 삶을 살아간다고 말하기도 싫다. 늙음을 밤하늘의 수많은 별의 신세에 비유한 이 명쾌한 통찰력에 찬사를 보내며, 밤하늘의 별로서 아직 별이 되지 못한, 별이 되기 직전에 있는 이 땅의 모든 젊은이에게 한마디 하고 싶다. 지금 읽고 있는 책을 잠시 내려놓고, 영남이 형의 말을 잘 들어라.

"젊은이들아, 제발 조영남처럼 살지 말고 똑바로 살아라."

쇼펜하우어는 늙음이 독이라고 했는데, 꼭 그렇지는 않다. 나는 노인 생활을 수십 년 체험해 봤다. 믿어달라, 노후도 잘만 하면 아름답다. 살만하다. 그까짓 이름 없는 별이면 어떠냐. 이름 있는 별들도 뭐 하는 일은 별로 없다.

이름 없는 수많은 별과, 오백여 년 전 자신이 만든 망원경으로 별들을 관찰하면서 지구가 돈다는 사실을 처음으로 알게 된 갈릴레이 선배에게 신의 가호가 있기를 바란다. 우리는 모두 밤하늘의 별들처럼, 이름이 있건 없건, 각자의 빛을 내며 살아가는 것이 아닌가.

솔직함과 정직

쇼펜하우어: 이 세상에 있는 모든 동물 중에서 거짓말하는 동물은 오직 인간뿐이다. 짐승들은 대체로 진실하고 정직해 보인다.

조영남: 이 책을 쓰기를 참 잘했다. 왜냐하면 쇼펜하우어의 책을 읽으면서, 인간이 동물 중에서 유일하게 거짓말하는 동물이라는 사실을 처음 알게 되었기 때문이다. 나는 오래전부터 '솔직히'라는 어휘에 유독 집착해 왔다. 그래서 내 주위 사람들, 특히 말머리에 '솔직히 말해서'라는 말을 붙이는 아랫사람들에게는 항상 이렇게 다그쳤다. "야! 네가 '솔직히 말해서'라고 말하면, 그전에 했던 말들은 전부 솔직하지 않았다는 거냐?"

그럼 왜 내가 그토록 '솔직'이라는 단어에 집착해 왔을까? 이유는 의외로 간단하다. 서로 거짓말을 하지 않으면 대화가 훨씬 편해지기 때문이다. 내가 편하고 자유로워지고 싶어서, 나부터 거짓말을 안 하려고 애쓰는 것이다. 거짓말을 하면 어딘가 모르게 불편해진다. 그래서 거짓말을 하지 않으려고 하는 건, 사실 나 자신이 편하고 싶어서 그런 것이다. 따지고 보면, 이건 극히 이기적인 행동일 수도 있다.

동물 중에서 유독 인간만이 거짓말을 한다는 쇼펜하우어의 말은 너무나 서글프지만, 누구나 어린아이일 때는 거짓말을 할 줄 몰랐다는 사실에 약간의 위로를 찾는다.

그리고 '솔직히 말해서'라는 말을 자주 사용하는 친구들에게 개똥철학자 영남이 형이 한마디 덧붙인다.

"네가 죽을 때까지 그 말을 달지 말고 살아보라."

타인의 견해

쇼펜하우어: 타인의 견해를 담담하고 의연하게 받아들이는 태도를 길러야 한다. 그런 태도야말로 바람직한 관용을 기르는 가장 효과적이고 실현 가능한 방법이기 때문이다.

조영남: 타인의 의견이나 제안을 순수하게 받아들이는 일은 결코 쉬운 일이 아니다. 사실, 타인의 의견이나 견해를 담담하고 의연하게 받아들이는 것은 적어도 나 같은 사람, 이른바 조펜하우어에게는 거의 불가능한 일로 느껴진다. 나는 몇 시간 동안 머리를 굴려봤다. 내 평생에 내가 과연 남의 의견이나 견해를 담담하게 받아들인 적이 있었던가. 그게 언제였나? 답답하게도, 아무리 생각해 봐도 그런 적이 떠오르지 않는다. 그 말은, 그런 적이 없었다는 얘기다.

그렇다면 쇼펜하우어와 조펜하우어의 대결에서 쇼펜하

우어가 승, 조펜하우어가 패배한 셈이다. 그러나 나도 할 말은 있다. 쇼펜하우어는 엄마 말을 안 듣기로 유명한 사람이다. 그는 단순히 엄마 말을 안 들었을 뿐만 아니라, 말다툼 후 공식적으로 결별 상태로 삶의 반 토막을 혼자 살아간 사람이다. 그 점에서 나는 다르다.

나는 내 어머니, 김정신 권사님과의 결별은 상상조차 할 수 없는 일이었다. 내가 엄마에게 "엄마, 나 피곤해"라고 말하면, 감히 내 곁에 오지 못하고 다른 방으로 들어가곤 했다. 내가 엄마를 컨트롤했기 때문이다. 엄밀히 따지고 보면, 엄마와 결별한 인간이나 엄마를 컨트롤한 나나 도긴개긴이지만, 우리 식으로 판별하자면, 내 쪽이 친엄마와 마찰을 덜 일으킨 점에서 더 양호하지 않았을까?

나는 관용을 베풀어야 한다고 생각하지만, 관용은커녕 쇼펜하우어의 거의 유일한 약점인 엄마와의 결별 사건을 싸움개처럼 물고 늘어진다. 그건 아니다, 조펜하우어는 우리에게 남의 견해를 소화할 줄 알아야 한다고 권한다. 그러니까 우리는 바다 같은 마음씨를 가져야 한다. 하지만 본인은 의연하게 받아들이지는 못하면서, 억지 이론을 내세워, 누가 엄마와 다툼이 덜했는지를 따지며 핵심을 비껴가는 나의 스킬은 여전히 문제다. 비겁하다.

그래서 쇼펜하우어의 가르침을 곰곰이 다시 생각해 본다.
따라서 타인의 견해를 담담하게 받아들이는 것이 관용의 출
발점이라는 그의 말이 진리임을 인정하지 않을 수 없다.

경청하는 자세

쇼펜하우어: 자아도취에 빠져 자기 이야기만 늘어놓는 것을 멈추고, 상대방이 하는 말을 경청하라. 당신 혼자 자아도취에 빠져 떠드는 일은 결국 상대방으로부터 경멸의 눈총을 받게 될 뿐이다.

조영남: 내가 멈춰야 한다. 나는 이 책을 빙자해 자아도취적인 이야기를 늘어놓고 있다. 그 점에 대해 독자님들께서 먼저 이해해 주셔야 한다. 책 부제부터가 '괴짜 철학가 조영남, 쇼펜하우어 만나다'로 설정해 놓았으니, 나는 이렇게 살았노라, 저렇게 살았노라 총체적인 고해성사를 하면서 뜻하지 않게 내 자랑만 하는 꼴이 되어버렸다. 그래서 참 우습다.

　말이 나온 김에 자아도취적인 이야기를 하나 더 보태보자. 25년 전쯤, 나는 《경향신문》과 인터뷰를 하면서 유인경

기자에게 "조영남 씨는 왜 여자들에게 인기가 있죠?"라는 질문을 받았다. 그때 나는 이렇게 대답했던 것 같다. "그걸 내가 어떻게 알죠?" 하면서 되물었다. "내가 여자들한테 인기가 있다고 치고, 그 이유가 뭔지 유 기자님이 개인적인 견해를 말해주시죠."

나는 그때 유인경 기자의 거침없는 답변에 적잖이 놀랐다. 내가 생각지도 못한 답변이 나왔기 때문이다. 그녀는 이렇게 말했다.

"조영남 씨는 어느 여자가 무슨 말을 해도 귀담아들어주기 때문일 거예요. 다른 남자들보다 여자의 말을 경청해주는 배려심 때문에 여자들이 좋아할 거예요."

이 에피소드를 내 손으로 직접 쓰다 보니, 나야말로 자아도취의 최고 샘플이 된 것 같아 찝찝하다.

나는 4칸짜리 짧은 만화를 좋아한다. 제목은 기억나지 않지만, 외국 만화다. 평생 우정을 다진 두 명의 친구가 대화를 나눈다. 첫 번째 칸에서 "우리가 우정을 나눈 게 몇 년 전부터였지?"라고 묻고, 두 번째 칸에서 "15년째일 걸"이라고 대답한다. 세 번째 칸에서는 "아니야, 16년일 거야"라고 다투다가, 네 번째 칸에서는 아무 대답도 없고 사방에 별 모양이 그려지며 주먹다짐이 벌어진다.

이 만화처럼, 우리가 자아도취에 빠져 자신만의 생각에 몰두하다 보면, 결국 싸움이 날 수도 있다. 상대방의 말을 경청하는 것이 얼마나 중요한지, 새삼스럽게 깨닫게 된다.

궁지를 벗어날 적절한 농담

쇼펜하우어: 대충 얼버무리는 것도 궁지에서 빠져나가는 하나의 방법이다. 적절한 농담은 복잡한 미로에서도 빠져나가게 해준다.

조영남: 가수 이장희가 노래를 끊고 미국에서 수십 년간 살다가 돌아왔을 때, 이장희가 초대 손님인 방송에서 방청석에 있던 나를 사회자 강호동이 불러내어 함께 인터뷰하게 되었다. 그 자리에서 얼떨결에 내가 말실수를 했다. 아무 사심 없이 한 얘기였는데, 일이 커졌다. 내가 인터뷰 중 이렇게 말했기 때문이다.

"이장희와 윤형주가 가수가 되면 내가 손에 장을 지진다. 형주는 염소 소리처럼 소리가 작고, 장희는 목소리가 너무 우렁차서 가수는 못 된다."

다음 날 아침 일찍 김세환에게서 전화가 걸려 왔다. "형! 왜 그딴 소릴 했어! 큰일 났어. 형 집에 가서 내가 설명해 줄게." 불안에 떨며 새벽같이 우리 집에 달려온 김세환은 "형주 형이 몹시 화가 나 있어"라고 했다. 나는 말했다. "야, 형주한테 전화 걸어봐." 처음에는 전화를 받지 않더니, 두 번짼가 세 번째 전화 때 드디어 전화를 받았다. "세환아, 전화 바꿔봐" 해서 내가 수화기에 대고 이렇게 말했다.

"야! 너는 교회 장로지 않냐, 나는 그냥 평신도야. 장로가 이해해라!" 이 한마디에 형주는 화를 풀었고, 쎄시봉 TV 방송도 무난히 끝났다.

살다 보면, 농담으로 둘러댈 수 없는 상황이 연출되기도 한다. 김세환에게서 직접 들은 얘기가 있다.

김세환은 한때 돈벌이를 위해 횟집을 경영했었다. 그 경험 때문에 다시는 장사에 뛰어들지 않겠다고 결심할 정도였다. 횟집을 경영하던 중, 바로 옆집에서 생선 냄새 때문에 신고가 들어왔다. 특히 바로 옆 모텔에서 항의가 들어왔다. 하루는 모텔 측과 타협하기로 하고, 손님이 뜸한 낮에 모텔을 찾아가 주인을 기다리고 있었다. 그때 모텔에서 나오는 남녀 쌍쌍이 김세환을 힐끗힐끗 알아보고 민망한 표정을 짓더란다. '아하, 가수 김세환도 이런 모텔을 이용하는구나'

하는 표정이었다. 일일이 전후 사정을 설명할 수도 없고, 그 상황이 정말 죽을 맛이었다.

그날 김세환을 모텔에서 본 분들께 알립니다. 그날 김세환이 모텔에 들어갔던 건 생선 냄새에 관한 타협을 위해서였다는 사실을 알아주시기 바랍니다.

이처럼 농담은 때때로 곤경을 풀어주지만, 모든 상황이 그렇지는 않다. 때로는 적절한 설명이 필요하고, 때로는 그냥 웃고 넘기는 것이 최선일 때도 있다.

인생을 즐겨라

쇼펜하우어: 노력을 줄이고 인생을 즐겨라. 쉬지 않고 노
력하는 것이 중요하다고 말하는 사람이 있다. 그러나 할
일 없이 보내는 것이 분주한 것보다 낫다. 우리가 가장 많
이 가진 것이 시간이다.

조영남: 쇼펜하우어는 노력을 줄이라고 했지, 노력을 중단하
라고 말한 것은 아니다. 이는 아등바등 성공에 집착하지 말
라는 멋진 충언이다. 시간은 충분하니 너무 허둥대지 말라는
것이다. 나는 쇼펜하우어의 이런 따뜻한 글을 읽기 훨씬 전
에 이미 똑같은 내용의 충고를 받곤 했다. 그리고 나는 그 충
고를 충실하게 따랐다고 자부할 수 있다. 흠이라면 노력보
다 지나치게 즐기는 것에 집중한 것이 문제였다.

　나에게는 쇼펜하우어보다 앞선 또 다른 스승이 있었다.

바로 내 아버지 조승초 씨다. 그 옛날, 시골에서 닭을 키우던 아버지가 솜씨 좋게 닭장 같은 구조물을 만들 때면, 나도 장도리를 들고 무언가를 투덕투덕 만들곤 했다. 그럴 때마다 아버지는 늘 이렇게 말씀하셨다. "야! 놀멘 놀멘하라우." 이북 사투리로, 천천히 놀면서 하라는 뜻이다. 나중에 내가 가수로 유명해지고, 어느 주간지에 내 얘기를 쓰는 칼럼이 생겼을 때, 나는 그 칼럼의 제목을 〈놀멘 놀멘〉으로 써먹은 적이 있다. 그리고 내 인생 초반에 출판된 책 제목 또한 『놀멘 놀멘』이다.

스승이 또 있다. 쎄시봉 시절, 우리의 총대장이었던 똘강 이백천 선생이다. 20대 때 물려받은 교훈을 나는 평생에 걸쳐 써먹곤 했다. 똘강 선생은 늘 이렇게 조언하셨다.

"너무 잘하려고 하지 마. 60~70%로 충분해."

내 경험상 그렇다. 너무 잘하려고 애쓰는 건 아마추어적인 발상이다. 프로는 힘들어 보이지 않아야 한다. 힘들게 보이면 경직된 것처럼 보이기 때문이다. 나머지 40% 혹은 30%는 남겨뒀다가 다음에 써먹으라는 여유로운 제안이다. 골프 선배들도 늘 하는 말이 있다. "힘 빼! 힘 빼고 쳐!"

이처럼 인생을 즐기면서, 여유를 가지고 살아가는 것이 중요하다. 쇼펜하우어의 말처럼, 인생을 너무 힘들게만 살

필요는 없다. 때로는 노력을 줄이고, 즐기는 마음을 가지는 것이 인생을 더 풍요롭게 만든다.

동정심

쇼펜하우어: 우리네 인간사에 종종 나타나는 동정심은 참으로 신비롭다. 나와 타인의 경계선이 허물어지면서 타인이 자연스럽게 나로 인식되기 때문이다.

조영남: 이 글을 읽고 원고를 쓰면서, 나는 돌연히 기독교 정신의 최정점에 푹 담기는 체험을 한다. 마치 슈바이처 박사의 파이프 오르간 연주로 바흐의 선율에 젖어 있는 듯한 느낌이다. 슈바이처는 유명한 신학자이자 파이프 오르간의 최고 연주자였다.

나는 종종 '동정'이라는 고결한 단어를 쓰곤 하지만, 동정심이나 긍휼함의 본뜻을 아직도 잘 모른다. 아마도 긍휼은 동정과 비슷한 개념일 것이다. 신학을 공부한 적이 있는 나는, 기독교 정신을 가장 빠르게 전달하는 방법으로 옛날 영화 〈벤허〉를 강력히 추천하곤 한다. 로마의 통치자 빌라도와의 최종 사형 선고를 받고, 무거운 십자가를 어깨에 짊어지고 가는 주인공 벤허가 물을 떠다가 예수님의 목을 축이기 위해 위험을 무릅쓰고 다가가는 모습은 바로 동정이라는 이름의 숭고한 모습이다. 그것은 긍휼함의 최고봉이다.

나는 지금까지 많은 타인의 동정과 긍휼함을 받으며 살아왔다. 우리나라 최초의 여성 변호사이자 이화여대 법대 학장이던 이태영 박사는 내가 병역기피로 군 감옥 남한산성에 가야 하는 위기에 처했을 때, 홀연히 나타나, 한 달간 자신의 집에 나를 머물게 하며 위기에서 구해주셨다. 이것이 바로 동정이었다. 또, 내가 육군본부에서 상병으로 근무할 때, 나를 여의도에서 열린 금세기 최대의 전도 집회에 노래를 부르게 한 수원 침례교회 김장환 목사님의 호의 역시 긍휼함에서 비롯된 것이었으리라.

그럼에도 불구하고 나는 아직도 동정심이나 긍휼함의 정체를 잘 모르겠다. 어렴풋이 그것이 좋은 것이라는 생각은 들지만, 어디까지가 동정심이고 어디까지가 긍휼함인지 헷갈린다. 내가 베푸는 동정심도 결국 내 심기를 편하게 하기 위한 고등 수법의 위장된 이기심이 아닐까 싶어 의아하기도 하다.

얼마 전 LA에서의 해외 공연에서 특별한 분을 만났다. 젊은 독자들께서는 모를 수도 있지만, 내 세대에서는 잊을 수 없는 인물인 영화배우 김지미 선배였다. 30분 이내의 짧은 만남이었지만, 강렬한 인상이 남아 서울로 돌아온 후에도 문득문득 생각이 떠올랐다. 그녀는 나보다 연상이지만, 세상을 살아오면서도 저토록 우아하고 아름답게 용모를 지킬 수 있다니!

이것은 무슨 심리인가? 이런 마음이 쇼펜하우어가 말한 동정심인가, 아니면 긍휼함인가? 문득 플라톤부터 철학 공부를 다시 시작해 볼까 하는 공상을 하게 된다. 하지만 곧, "야! 됐어. 이젠 들어가!" 하고 나 혼자 중얼거리는 소리가 들린다.

말은 짧을수록 좋다

쇼펜하우어: 말을 하려거든 짧게 말하라. 흔히 문제를 제대로 파악하지 못한 사람이 말을 길게 한다.

조영남: 이 말은 나에게 매우 우호적인 지침이다. 나는 노래는 잘 부를 수 있는데, 말을 짧게 하는 법을 잘 모르는 것 같다. 말의 마무리를 잘 못 하는 거다. 지금도 그 방법을 연구 중이다.

정지용 시인의 시에, 김희갑 작곡가가 곡을 붙여 이동원과 테너 박인수 선배가 불러 크게 히트한 아주 긴 노래 〈향수〉는 처음부터 끝까지 노래로 부를 수 있지만, 그 시를 그냥 낭독할 자신은 없다. 이상한 불치병 같은 거다.

아주 오래전, 김장환 목사님의 권유로 무슨 조찬 기도회에 따라간 적이 있다. 한국 주둔 미군 사령관이 본국으로 돌아가는 이임 조찬 기도회였다. 한국 목사님들이 나와서 길게 이런저런 얘기를 늘어놓았다. 그러다 정작 주인공인 사령관이 나와 이임 인사를 했는데, 모두가 '이게 뭔가' 하고 놀랄 수밖에 없었다. 너무 뜻밖이었다. 그는 이렇게 말했다.

"저는 한국 주둔 사령관 누구입니다. 이제 미국으로 돌아갑니다. 여러분들이 미국에 오시면 저에게 꼭 연락해 주십시오. 반갑게 맞이하겠습니다. 에브리원, 땡큐! 굿바이!"

말이 무지 짧았다. 얼핏 싱겁게 보일 수도 있었지만, 미국으로 떠나는 사령관의 짧은 인사말은 지금도 최고의 명강의로 내 두뇌에 박혀 있다. 한국 목사님들의 장황한 이임사에 비해, 당사자는 '내가 전출 가는데 왜 이토록 새벽부터 오버하냐'는 듯 짧게 잘라 말했던 거다. 그것도 군복 양쪽 바지 주머니에 두 손을 푹 넣은 채 말이다.

말은 짧을수록 좋다는 쇼펜하우어의 가르침이, 이 짧은 인사말에서 그대로 드러났다. 길게 말하는 것이 반드시 더 많은 것을 전달하는 것이 아니라는, 간결함의 미덕을 다시금 깨닫게 된다.

순수한 것이 좋다

쇼펜하우어: 나는 개를 좋아한다. 나는 개와 사귀는 게 무척 좋다. 왜냐하면 나의 개는 솔직하기 때문이다. 특히 지금 내가 키우고 있는 개는 유리알처럼 투명한 눈동자를 가지고 있다. 나 같은 사람은 세상살이에 개라도 있어야지, 그렇지 않으면 도저히 세상을 살아갈 수가 없을 것이기 때문이다.

조영남: 쇼펜하우어는 남은 인생 30년을 '아트만'이라는 푸들과 함께 살았는데, 사람들은 그 개를 '작은 쇼펜하우어'라고 불렀다. 그래서 쇼펜하우어의 반려견 사랑을 충분히 이해할 수 있다. 감히 말하지만, 쇼펜하우어와 나, 조영남은 약간의 견해 차이가 있다.

　나는 신이 만들어 놓은 작품 중에서 최고를 꼽으라면,

강아지보다 더 좋아하는 게 있다. 그게 뭐냐 하면, 바로 어린아이들이다. 신의 최우수 작품 서열을 매기라면, 나는 어린아이들이 저 위에 있고, 한참 아래로 강아지, 꽃, 물과 산 등이 있다. 쇼펜하우어가 개를 그렇게 좋아한 건 이해되지만, 나는 그의 선택이 조금 의아하게 여겨진다. 냄새나고 털이 빠지고, 똥오줌을 못 가리는 걸 어떻게 참을 수 있었는지 참 궁금하다.

나의 아버지 조승초 씨는 동물을 좋아하셨다. 말과 개를 특히 좋아하셨다. 아버지의 유일한 사진 속에도 쇼펜하우어의 개보다 큰 개가 있다. 그래서였을까? 내 의식 속에서는 동물이나 꽃을 좋아하는 사람 중에는 악인이 없다고 생각했는데, 이제는 어린아이를 좋아하는 사람 중에 악인은 없다고 생각을 바꿔야겠다.

참고로, 쇼펜하우어는 결혼도 해 본 적이 없고, 물론 아이를 키워 본 적도 없다. 반면, 나는 결혼도 해 봤고, 아이도 직접 낳고 키워 본 적이 있다. 뭐, 그리 대단한 논점은 아니지만, 이 점에서는 쇼펜하우어와 내가 조금 다르다는 것을 말하고 싶다.

순수한 것들, 특히 어린아이들과의 교감이 나에게는 세상에서 가장 순수하고 소중한 경험이다. 쇼펜하우어가 개를 통해 느낀 순수함과 위안을 나 역시 어린아이들로부터 느끼며 살아간다.

그 결과가 오늘이다

쇼펜하우어: 나는 실로 단순하고 보잘것없는 재능으로 너무 많은 것을 얻었다. 그 결과가 오늘이다.

조영남: 나는 왜 쇼펜하우어에 빠졌는가. 첫째, 그는 상상 이상으로 스마트하다. 내가 아는 많은 철학자들은 어딘가 모르게 편견에 기울어지는 느낌을 주지만, 쇼펜하우어는 예외다. 그는 인간의 모든 사안에 대해 통쾌한 평론가를 능가하는 해설을 해놨다. 요즘 한국 출판계에서 쇼펜하우어가 대세인 것은 지극히 당연한 일이다. 심지어 그는 이런 말까지 남겼다.

"나는 두뇌가 남들에 비해 월등하다는 나만의 착각이라는 자괴감에 늘 빠지곤 한다."

이 말에서 나는 쇼펜하우어가 겸손함까지 갖췄다는 것

을 느낀다. 그의 겸손은 그가 위대함을 인정받는 이유 중 하나다.

쇼펜하우어는 자신의 재능을 보잘것없다고 평가하면서도, 그 재능으로 많은 것을 얻어낸 자신의 삶을 되돌아보며 "그 결과가 오늘이다"라고 말했다. 그 말이 나에게 강하게 와닿는다.

나 역시 비슷한 마음을 느낀다. 나는 뛰어난 가수도, 화가도 아니었다. 그러나 그 단순한 재능으로 많은 것을 얻어내며 살아왔다. 그리고 그 결과가 오늘의 나다. 쇼펜하우어의 겸손함과 자기 인식을 통해, 나도 나 자신을 되돌아보게 된다. 결국 우리가 이룬 오늘은 단순하지만 꾸준히 쌓아온 작은 노력들이 모인 결과다.

행복이란

쇼펜하우어: 수입품이 전혀 필요하지 않는 나라가 행복한 것처럼, 외부 세계로부터 아주 적은 것만 필요하거나 아무것도 필요로 하지 않는 사람이 가장 행복한 법이다.

조영남: 내가 필요한 것들. 겨울 내복, 검정 야전잠바, 서울대 상표가 붙은 운동 모자, 겨울용 검은색 바지, 여름용 흰색 바지, TV 출연용 검정 정장, 아파트 관리비, 빈 캔버스, 골프채 한 세트, 아크릴 물감, 각종 붓, 바니시 액, TV, 그랜드 피아노 한 대, 널찍한 한강 변 아파트, 외제 승용차 한 대, 가죽을 덧씌워야 하는 크고 작은 소파 세트, 운동화와 구두 몇 켤레, 통기타, 전기 기타, 멋진 디자인의 손목시계, 대형 이젤 3개, 캔버스를 올려 놓고 그림 그리는 대형 테이블, 여행용 트렁크 세트, 책장에 꽂혀 있는 각종 책.

나는 이런 것들을 모두 갖추고 소박한 삶을 살고 있다. 더 이상 아무것도 필요하지 않으니, 쇼펜하우어의 논리대로라면 나는 행복한 부류에 속해 있어야 한다.

물론, 필요한 것을 즉시 매입할 수 있는 재력도 있으니 말이다.

하지만 나는 가끔 생각해 본다. 내가 필요하다고 여긴 이 많은 것들이 과연 나를 진정으로 행복하게 만드는가? 아니면 단지 외부 세계로부터의 불필요한 소유욕에 의해 조장된 것일 뿐인가? 쇼펜하우어가 말한 '아무것도 필요로 하지 않는 사람'이라는 기준에 내가 얼마나 가까운지 자문해 본다.

그런데도 결국 나는 이 모든 것들을 가지고 있어야 마음이 편안해진다. 어쩌면 나는 진정한 행복을 찾기보다는, 나만의 작은 편안함을 찾아 헤매고 있는 것일지도 모른다. 그러나 이 모든 것이 갖추어진 상태에서 느끼는 만족감도 쇼펜하우어가 말하는 행복의 한 형태라면, 나도 행복한 사람 중 하나가 아닌가 싶다.

결국, 행복이란 자신에게 필요한 것들이 충족되었을 때의 평온한 마음 상태일 수도 있고, 때로는 그 이상의 것을 추구하지 않으려는 마음가짐에서 오는 것일 수도 있다.

우는 것과 웃는 것

쇼펜하우어: 우는 것은 웃는 것과 함께 인간의 본성을 동물과 비교하는 표시 가운데 하나다.

조영남: 부끄러운 이야기지만, 내 아버지 조승초 씨가 사망했을 때나, 김정신 권사님이 이 세상을 떠났을 때, 눈물이 나와야 하는데 나는 눈물이 나오지 않아 혼란에 빠졌던 기억이 있다. '난 왜 울음이 안 나올까'라는 생각에 혼란스러웠다. 그러나 몇 년 전, 뉴욕에서 백남준 못지않은 예술 감각을 지녔던 정찬승 선배의 사망 소식을 듣고는 서너 시간 극도의 우울감에 빠졌다. 그럼에도 눈물은 나오지 않았다.

그런데 이상하게도, 나는 영화를 보면서 웬만한 슬픈 장면이 나오면 눈물을 흘리곤 한다. 나는 스스로를 매우 정상적이라 생각하지만, 우는 일에는 서툴다. 대신에 웃는 것에는 남들보다 훨씬 요란하게 웃는다. 나는 웃음이 헤픈 편이다. 많이 웃으며 살아왔다. 그렇다면 내가 많이 울어야만 수학적으로 맞는 말일 텐데, 울음에는 약하다.

오죽했으면 나는 스스로 결정을 내리고 반성도 한다. "야! 조영남! 너는 여자 때문에 통곡도 한번 못 해봤다면 가짜 아티스트 아니냐?" 이에 대한 답변은 "맞다. 나는 동물이다."

사실 그렇다. 나는 여자 때문에 시원하게 통곡을 해 본 적이 없다. 이론적으로는 예술가는 웃을 줄도 알고, 울 줄도 알아야 한다. 그런데 통곡을 한 번도 경험하지 못했다면, 내 가수 생활과 화가 생활에 큰 장애를 가진 것이다.

하지만 아직도 시간이 많다. 나를 웃게도 하고, 통곡하게도 하는 상대를 만나야 한다. 그게 나의 유일한 희망이다. 바쁘다. 바빠!

익살과 위트

쇼펜하우어: 우리 사이에 웃음을 유발하는 요인은 언어의 오해와 착오에서 나오는 익살이며, 오해와 익살의 관계는 마치 어리석음과 기지 혹은 위트의 관계와 흡사하다.

조영남: 나는 웃음에 관한 이 글을 이해하기까지 시간이 제법 많이 걸렸다. 알 듯 모를 듯한 내용일 뿐 아니라, 웃음을 언어로 분석할 수 있는가 하는 의구심도 든다. 제아무리 문학성이 왕성하다 해도 '웃음'을 언어로 설명해 낸다는 건 몹시 어려운 일이다. 우리가 한바탕 웃고 나서 누가 나서서 그 웃음을 억지로 설명해 내면, 그 사람은 반드시 바보 취급을 받게 될 것이다. '웃음'에는 참 신비로운 구석이 있다.

내가 생각하는 이 세상 제1급 코미디는 주로 여성들이 최고의 쾌락적이거나 혹은 극단적 상황에 처했을 때 환희와 함께 내뱉는 "오! 마이 갓"이라는 말이다. 신이 해결할 문제가 아닌데도 신을 찾는다. 정말 웃기는 상황이다.

유머와 위트에 관한 한 토막 이야기를 덧붙이겠다. 언젠가 예술의 전당에서 열렸던 유명 화가 구스타브 클림트의 그림 전시회를 내가 오랫동안 가까이 지내온 화랑 경영자이자 미술 큐레이터 경험을 가진 여성 친구와 함께 관람했던 적이 있다. 그림을 보면서 저절로 와! 소리가 나올 만큼, 클림트의 그림이 너무도 세밀하고 솜씨 좋게 그려져 있었다. 나는 경탄하며 옆에 있는 친구에게 이렇게 말했다.

"야! 수정아. 난 지금 클림트의 그림을 보면서 그림을 포기하기로 맘먹었다."

"왜요, 선생님?"

내가 답했다. "야! 그림을 너무도 솜씨 좋게 잘 그렸잖니. 나 같은 그림과 너무도 차이가 많이 나는 것 같아서 그래! 난 그림을 그만둬야 할 것 같아."

그러자 옆에 있던 수정이가 즉시 답해줬다. "선생님 그림엔 클림트한테 없는 유머와 위트가 있잖아요."

그 후 나는 그림을 포기하지 않고 계속 그려왔다. 물론 클림트의 그림과는 형편없이 큰 차이가 나는 뒤떨어진 그림이지만 말이다.

유머와 위트, 그리고 자신만의 특질을 가지고 있다는 것은 내게 큰 위안이 되었다. 나는 클림트처럼 세밀한 그림을 그릴 수는 없지만, 내 그림에는 내가 가지고 있는 고유한 익살과 위트가 담겨 있다. 그것이 내 그림을 계속 그리게 만드는 힘이 되었다.

지혜로운 자

쇼펜하우어: 지혜가 많은 사람은 어리석은 척하고, 어리석은 자는 지혜가 많은 것처럼 행동한다.

조영남: 어느 날 택시를 탔다.

"수고하십니다. 광화문 쪽으로 가주세요."

"아! 조영남 씨군요."

택시 기사 아저씨는 날 보지도 않고 내 목소리만 듣고 나를 알아본 듯했다. 이런 일은 종종 있다.

"바쁘시죠?" 아저씨가 묻는다.

"아뇨, 하나도 안 바쁜데요!"

운전은 계속됐다. 아저씨는 혼자 말하듯 이야기를 이어가신다.

"글쎄요. 제가 지금 택시 운전만 40년 가까이 하고 있는

데요. 그런데 이상하죠."

"뭐가요?"

"글쎄 말입니다. 제가 보기에 바빠 보이는 손님들은 안 바쁘다 말하고, 하나도 안 바빠 보이는 사람들은 꼭 바쁘다 그러거든요."

"……."

그 말에 나는 잠시 생각에 잠겼다. 이 아저씨는 참으로 날카로운 관찰력을 가진 분이구나 싶었다.

어쩌면 아저씨의 말대로, 진짜 바쁜 사람은 바쁘다는 말을 할 필요가 없고, 진짜로 여유 있는 사람은 괜히 바쁘다고 말할지도 모른다. 마치 쇼펜하우어가 말한 지혜로운 사람과 어리석은 사람의 차이처럼 말이다.

내가 그렇게 대단히 바쁘지 않았는데도 불구하고 스스로를 바쁘다고 생각하고 있었던 게 아닌가, 혹은 진짜 바쁜 사람이 느끼는 여유를 내가 놓치고 있었던 게 아닌가 싶었다.

결국, 지혜로운 자와 어리석은 자의 차이는 어떻게 자신을 표현하느냐에 있을지도 모른다. 그리고 때로는 그 차이가 택시 기사 아저씨의 간단한 관찰에서 드러날 수 있다는 생각이 들었다.

교육의 목표

쇼펜하우어: 교육의 궁극적인 목표는 성장이 아닌 개조에 있다고 봐야 옳을 것이다.

조영남: 안성에 있는 동아방송예술대학교가 막 생겼을 무렵, 특이한 인연으로 한 학기 동안 실용음악 강의를 맡은 적이 있다. 나로선 최초의 대학 강의이자 마지막 강의였다. 수업 시간은 매주 월요일이었는데, 나는 성격 때문인지 특별한 계획도 없이 전교생이 참여한 특별강의를 맡았다.

첫 수업 날, 오후 1시 조금 전에 교실에 들어갔다. 학생들이 대충 자리를 잡고 앉아 있었다. 그런데 개강 첫날이라 그런지 1시가 지나고도 학생들이 슬금슬금 들어오고 있었다. 나는 그 모습을 그냥 지켜보고만 있었다. 수업 시간이 10분쯤 지나자, 나는 자리에서 일어나 강단 앞으로 나가 이렇게 말했다.

"반갑습니다. 이번 학기에 여러분의 실용음악을 맡게 된 임시 교사, 가수 조영남입니다" 하며 칠판에 내 이름을 큼직하게 썼다. 그리고는 "제가 맡은 강의 시간은 월요일 오후 1시입니다"라는 말을 끝내고 아무렇지도 않게 강의실을 나와 곧장 집으로 돌아갔다.

그다음 주, 모든 학생이 강의 시간에 맞추어 1시에 도착해 자리에 앉아 있었다. 학생들은 굳은 표정으로 미리 와서 선생을 기다리고 있었다. 나는 입을 열었다.

"저는 어른들이 묻지도 않는데 뭐라 어쩌고저쩌고하는 게 싫어 언젠가 나 스스로 묻지 않는 건 얘기하지 않으리라 결심을 했습니다. 저는 한양대 음대에서 2년 중퇴, 서울대 음대에서 3년 중퇴, 미국 플로리다 탬파 근교에 있는 트리니티 신학대학교를 졸업했고, 가수 생활을 통한 다년간의 방송 출연 경험이 있습니다. 그리고 현대미술은 제가 독학을 했습니다. 자! 그럼 실용음악이 아니더라도 다른 방면에 관해 질문해 주시면 성심성의껏 대답해 드리겠습니다. 자! 질문 시작해 주시죠."

학생들이 조용하기만 했다. 그래서 한 번 더 질문을 요청했다. 하지만 고요함만 유지되었다. 그러자 나는 이렇게 말했다.

"질문이 없으므로 강의는 이것으로 끝을 맺겠습니다."

말을 끝내고 지난주처럼 아무렇지도 않은 표정으로 교실을 나와 집으로 돌아갔다.

그다음 주 강의실에 도착하자, 학생들은 미리 질문을 일사불란하게 준비해 놓고 질문을 하기 시작했다. 그렇게 한 학기 무사히 강의를 마칠 수 있었다.

3장

사랑과 우정에 관하여

사랑에 관하여

쇼펜하우어: 사랑은 헤아릴 수 없이 많은 모양새로 우리 앞에 펼쳐진다. 삶과 죽음, 기쁨과 슬픔, 고통과 즐거움, 행복과 불행, 천국과 지옥. 이 모든 것을 동시에 경험하고 체험할 수 있는 것이 바로 사랑이다.

조영남: 그렇다. 사랑은 지구에 살고 있는 사람의 숫자만큼 다양하다. 그래서 일단 교과서식으로 얘기해 보자. 풋사랑도 사랑에 속한다. 나의 첫 풋사랑은 중학교 3학년 때부터 시작된다. 내가 다녔던 학교는 남녀공학이었는데, 중학교를 졸업할 때 가깝게 지냈던 여학생과 사진 한 장씩을 교환한 것이 나에게는 가장 큰 사건이었다. 지금도 그 사진은 미술 작품으로 변형시켜 내 방 벽에 걸어 놓았다.

고등학교 시절에는 이렇다 할 사랑이나 우정 관계가 없

었다. 교회를 그렇게 열심히 다녔지만, 사랑이 맺어진 적은 없었다. 기억에 남는 한 가지는 크리스마스 전야에 여학생과 그 집 안방에서 이불 하나를 덮고 앉아 얘기하다가 새벽 예배에 가서 노래했던 일이다. 이 사건을 제외하고는 진짜 사랑이라고 말할 수 있는 것은 한양 음대 2학년 때부터 시작된다. 그것이 나의 첫사랑이었다. 그 상대는 하필 배필이 있는 여학생이었다.

그로 인해 학교 당국은 나에게 사랑과 전액 장학금 중 하나를 선택하라고 겁박했다. 나는 용감하게 장학금을 포기하고, 시골로 내려가 벼락치기 입시공부를 하여 서울 음대에 입학했다. 그 후로도 여러 모양의 사랑을 경험하며 여자들을 만나고, 결혼하고, 헤어지며 살아왔다. 진정 천국과 지옥을 오갔던 시간이었다.

나는 한양대학에서 서울대학으로 옮겨 왔고, 서울대 연극반에서 만난 후배와 짧은 만남을 가졌었다. 그러던 중 나는 성악도에서 대중가수로 변신했고, 음악 감상실 쎄시봉에서 병아리 탤런트를 만나 사랑의 정점을 찍게 되었다. 그녀와 함께 미국으로 가서 시카고에서 결혼식을 올린 것이 내 사랑 역사의 최정점이었다. 그러나 그 후로는 사랑의 내리막길을 걸으며 점차 무너져 내렸다. 나는 바람을 피우고,

결국 쫓겨나고, 이혼도 하며 쇼펜하우어가 말한 천국과 지옥을 여러 차례 왕복하게 되었다. 쇼펜하우어가 말하는 사랑의 경험, 기쁨과 슬픔, 천국과 지옥을 완벽하게 체험한 셈이다.

그런데 참 이상하다. 나는 내가 생각해도 특이한 사람이다. 나는 법적으로 이혼한 후에도 우리가 완전히 헤어진 것은 아니라고 믿어왔다. 왜냐하면, 그쪽은 점점 더 나아지는 듯했고 나 역시 나빠지지 않는 듯했기 때문이다. 세상이 다 알겠지만, 이혼 후 그녀는 미국 아카데미상을 받을 정도로 성공했으며, 나는 미술 재판으로 6년간의 시간을 보낸 뒤 화가로도 이름을 알리게 되었다. 그래서 나는 우리의 첫 이혼을 위대한 이혼이라고 주장하고 있다. 이혼 후 양쪽 다 성공했기 때문이다. 이런 일은 우리 주위에서 흔히 일어나는 일은 결단코 아니다.

끝이 어떻게 될 거냐고? 나도 잘 모른다. 끝이 불행으로 이어져 지옥으로 헤매게 될지, 아니면 다른 길이 있을지. 지옥이 꼭 있다는 보장도 없으니 그나마 다행이다.

결혼의 목적

쇼펜하우어: 인간이 결혼 생활에서 원하는 것은 재치 있는 대화 따위가 아니다. 결혼의 목적은 자식을 낳는 일이며 두 사람 간의 마음의 결합이다.

조영남: 나는 좀 미안하지만, 쇼펜하우어의 이런 지침이 왠지 떨떠름하게 여겨진다. 우선, 결혼도 한 번 안 해본 사람이 어떻게 결혼의 본질을 이토록 자잘하게 얘기할 수 있는지 의문이다. 결혼의 목적이 두뇌의 결합이 아니라 마음의 결합이라는 것까지는 좋다. 이 부분에 대해서는 이의를 달지 않겠다. 하지만 쇼펜하우어는 나의 입을 틀어막는 셈이다. 왜냐하면 나는 결혼 상대와 마음의 결합을 이루는 일에 실패했기 때문이다. 참패했다고 할 수 있다. 그래서 나는 이 주제에 대해서는 할 말이 많지 않다.

그러나 쇼펜하우어와는 달리 나는 그가 못해본 두 가지, 즉 결혼을 해봤고 자식도 가져봤다. 이런 경험을 가진 나로서는 괜히 이긴 것 같은 기분이 든다. 아싸!

물론 결혼의 목적이 자식을 낳는 것이라는 말에도 일리가 있지만, 결혼 생활은 그 이상이다. 서로의 마음을 결합하는 것이 중요하다는 말은 맞지만, 그 마음의 결합이 얼마나 복잡하고 어려운지 결혼 생활을 해본 사람만이 안다. 나는 그 어려움을 경험했기 때문에 쇼펜하우어가 말하는 결혼의 목적에 대해 할 말이 없는 것이다.

하지만 그가 못해본 결혼과 자식에 대한 경험을 가지고 있는 나는 이 부분에서만큼은 그의 말을 듣기보다는 나의 경험을 바탕으로 생각해보는 버릇이 생긴 것 같다.

여성의 취향은 잠꼬대

쇼펜하우어: 이따금 여성들이 남성의 재능에 매력을 느껴 결혼까지 했다는 말이 있는데 그것은 가소롭기 짝이 없으며, 그런 생각은 거짓말이거나 성적 타락에 의한 잠꼬대나 마찬가지다.

조영남: '이따금'이라는 단서가 붙어 다행이긴 하지만, 이게 무슨 소리인가. 여자가 남성의 재능에 반해 결혼한 게 가소롭다니, 그런 건 거짓말이거나 잠꼬대 같은 소리라니. 아무리 세상을 바꾼 철학자라 해도, 쇼펜하우어는 여성 콤플렉스에 지배당한 느낌을 지울 수가 없다.

　나 같은 경우를 생각해보자. 내가 결혼한 윤 여사는 그럼 나의 노래하는 재능 말고 무엇에 반해서 나와 결혼까지 했던가. 나는 쥐뿔도 가진 게 없고, 희망도 없는 음대생이었다. 미8군 쇼단에서 노래하는 알바생이었고, 쎄시봉 출입 초기에 만난 그녀를 나 또한 그녀의 탁월한 대사 암기 능력과 연기하는 재능에 반해 사귀고 결혼까지 갔었다. 나는 윤 여사와 헤어지고 나서 그 생각을 많이 했다. 우리가 맺어진 이유는 뭐였지? 인간성? 너무 추상적이다. 착한 마음씨? 그것도 구태의연하다. 촌스럽게 생긴 생김새? 그럴 리 없다. 아무리 생각해도 그쪽에선 나의 노래하는 재능이 가장 큰 원인이었다고 판단된다.

내가 한양대학 때 벌인 첫사랑도 내가 칸타타 대학 합창제에서 주인공 역할로 노래하는 재능에 반해 나한테 먼저 말을 건네왔고, 나 또한 노래를 잘 부르는 일만이 내가 꿈에 그리던 여학생과 맺어지는 마지막 수단이라고 생각하며 기를 쓰고 노래했다. 그런 걸 뭐라고? 성적 타락의 잠꼬대라니, 쇼펜하우어는 분명 심술궂은 인간이었음이 틀림없다. 왜냐하면 쇼펜하우어는 한때 데이트를 하던 여자가 당시 인기 최고였던 유명 시인 바이런을 우연히 마주치자 감격해서 깜짝 놀랐다는 이유로, 쪼잔하게 질투를 해 결국 헤어지게 됐다는 얘기가 있듯이, 분명 쇼펜하우어는 뭔가 쓰잘머리 없는 콤플렉스가 있었던 인물로 짐작된다.

어찌 됐든 한 여자가 남자의 재능에 반해 결혼까지 했

다는 건 충분히 이해되어야 한다. 그런 걸 성적 타락의 잠꼬 대라니, 나로선 이해하기 힘들다. 왜 단 한 번 결혼도 못 하고 개 한 마리와 쭉 살았는지 얼추 짐작이 간다.

믿음직한 우정

쇼펜하우어: 믿음직한 우정에는 전제가 깔려 있다. 친구의 고통이나 친구의 행복에 관해 강렬하게 객관적이어야 하며, 특정한 이해나 득실 관계를 완전히 벗어난 동정이 있어야 하며, 이런 순수한 관계는 진정한 친구로 상호 공감함을 의미한다.

조영남: 나는 장담한다. 친구 관계에선 조영남이 니체나 쇼펜하우어보다 훨씬 위일 거다. 니체나 쇼펜하우어는 뻔하다. 둘 다 예민한 성격의 소유자였기 때문에 친구들과 함께 농담을 나누며 편안하게 저녁 식사를 함께할 수 없었을 것이다. 사생활은 매우 드라이했을 것이다.

말이 나왔으니 내 우정 관계의 경우를 얘기하자면, 까다롭고 괴팍하고 사차원에 사는 듯한 쎄시봉 친구들 송창식,

윤형주, 김세환, 이장희 같은 친구들과 50년 이상을 단 한 번의 다툼도 없이 절친한 친구 관계를 유지해 온 것만 봐도 잘 알 수 있다.

우리 쎄시봉 친구들은 서로 이해관계에 얽매이지 않고, 서로의 행복과 고통을 함께 나누며 진정한 우정을 쌓아왔다. 우정에 있어선 내가 니체나 쇼펜하우어보다 훨씬 낫다고 감히 말할 수 있다. 왜냐하면 우리 우정에는 그들의 철학이 강조하는 엄격한 객관성보다도 더 깊고 따뜻한 인간적인 감정이 교류했기 때문이다.

나의 개성 있는 친구들

쇼펜하우어: 사람마다 개성은 영원한 것이다. 우리는 자연의 질서에 의해 현재 우리 앞에 펼쳐진 모습 그대로, 각자의 개성에 따라 존재할 수밖에 없다.

조영남: 어떤 사람들은 개성을 두고 "개 같은 성격"이라고 말하기도 한다. 자랑은 아니지만, 나도 내 친구들의 개성을 얘기해 보겠다. 나의 세상 친구들, 이장희, 송창식, 윤형주, 김세환, 전유성, 김민기, 한대수. 이런 친구들보다 개성 강한 친구들이 세상에 또 어디 있을까? 나는 그런 녀석들과 50년 이상을 다툼 한번 없이 잘 사귀어 왔다.

한 성격하는 철학자 쇼펜하우어도 개성이라는 측면에서 예외는 아니었다. 오랜 세월 동안 당대 사교계를 주름잡았던 어머니와도 티격태격했을 뿐 아니라, 삶의 후반부엔 모자 관계까지 끊어가며 살기도 했다. 내 경우, 나의 어머니 김정신 권사님은 교회 일에 바쁘기도 했지만, 나와의 다툼 같은 것은 상상도 못 했다. 물론 권사님은 막내를 더 좋아 했지만, 나를 위해서도 눈살 한 번 펴본 적이 없다. 나는 아 직도 못내 후회하는 게 있다. 김 권사님에 관한 일이다. 고 등학교나 대학 다닐 때, 오랜만에 시골에서 올라온 엄마가 나를 직접 보며 무슨 얘기라도 나누고 싶어 다가오면 내가 그랬던 거 같다. "엄마! 저쪽으로 가 있어!" 그랬던 걸 나는 평생 후회하며 살고 있다. 나는 지금 내 개성에 따라 그때 는 그렇게밖에 살 수 없었노라고 핑계를 대고 있다. 나의 엄 마는 이 세상에서 나의 까닭 없는 짜증을 언제나 받아주는 유일한 대상이었다.

나는 장담할 수 있다. 우리의 쇼펜하우어는 바로 그 『의 지와 표상으로서의 세계』라는 보통 사람은 알아먹을 수 없 는 높은 수준의 철학서를 펼쳐 낸 사람이다. 니체는 벌건 대 낮에 "신은 죽었다"라고 외친 사람이다. 그런 특이한 사람 에게 마냥 재밌기만 한 친구들이 과연 있었을까? 있다면 몇 명이나 있었을까? 아마도 별로 없었을 것이다. 지금부터 나 는 나와 동년배나 후배들에게만 얘기하겠다. 친애하는 나 의 동지들이여!

지금도 늦지 않았다. 개성 있는 친구를 찾아 나설 때다. 재미있는 개성의 친구를 찾아라! 자! 떠어나자. 친구차아즈 러어!

결점을 개성으로

쇼펜하우어: 웬만한 결점은 개성으로 바꾸어라!

조영남: 개성 덩어리를 꼽자면 나는 단연 고영수와 전유성을 꼽는다. 내 친구들 모두가 개성 있는 친구들이고, 우리 식으로 말하자면 개 같은 성격의 친구들이다. 오늘은 내 친구 중에 두 명만 얘기하고 싶다. 첫째는 고영수, 나는 고영수와 직접 코믹 연기를 해봐서 안다. 고영수는 이 세상에서 가장 흔한 성씨, 가장 많은 성씨는 바로 고씨라는 주장을 폈다. 고 이승만, 고 박정희, 고 아이젠하워 등등. 그리고 고영수가 말하는 세계사는 이런 식이다. 단군이 이집트의 클레오파트라와 결혼해서 최영 장군을 낳고, 최영 장군이 임진왜란 때 일본 왕초 도요토미 히데요시를 총살하고, 강감찬이 한산도에서 대첩을 거두고, 한참 나가다가 누군가가 "세상에 그런 엉

터리 역사가 어디 있느냐?"라고 항의하면 이렇게 답한다. 고등학교 때, 어린 자기 조카가 역사책을 갈기갈기 찢어 그걸 다시 주워 모아 접착테이프로 붙여서 배웠기 때문이란다.

개성 있는 친구에서 뺄 수 없는 친구가 전유성이다. 옛날엔 MBC 문화방송이 광화문에서 서대문 쪽 가는 중앙 정동 길목에 있었고, 거기엔 조그마한 영화관이 딸려 있었다. 마침 방송 시간이 남아 나는 정동 영화관에 들어갔는데, 그때 〈고양이를 부탁해〉라는 한국영화가 상영되고 있었다. 자칭 영화광인 나는 〈고양이를 부탁해〉라는 영화가 우리네 영화 중에서 최고 수준의 작품이라 판단했는데, 극장 직원의 말로는 인기가 없어 오늘이 상영 마지막 날이라는 것이었다. 나는 때마침 《일간스포츠》에 매주 조영남 칼럼을 게재하던 때여서 당장 '고양이' 얘기를 썼다. 칼럼이 큰 반향을 일으키자, 나는 2주 2회, 3회분을 '고양이' 얘기로 계속 썼다. 그때 인기 정상에 있던 중국영화 〈패왕별희〉를 능가하는 작품이라고 썼다. 그런데 다음 날, 전유성으로부터 전화가 걸려 왔다. 자기가 잘 아는 강남의 영화관이 있는데 〈고양이를 부탁해〉를 자정에 따로 상영하자는 것이었다. 유성이는 평소 영화에도 큰 관심이 있었단다. 특별 상영 당일, 꽤 규모가 큰 영화관이라 얼마나 관객이 올까 싶었는데,

관객이 꽉 차고 넘쳤다. 그 영화관에서 내가 유성이를 만나 "유성아! 너도 그 영화 보고 감동해서 이런 해프닝을 벌인 거니?" 하고 물었더니, 그 특유의 큰 눈빛을 지어가며 대답했다.

"아니, 그 영화 못 봤어. 형이 하도 좋다고 해서."

내가 고영수나 전유성의 결점을 발견하기에는 그들의 개성이 워낙 강하고 두터웠다.

쎄시봉 친구들의 개성

쇼펜하우어: 친구를 잘 선택하라. 친구란 호감을 넘어 넓고 깊은 안목으로 선택한 사람이어야 한다.

조영남: 내가 그 친구들의 얘기만 해도 독자님들은 조영남이 얼마나 인내심이 크고 인격이 돈독한지를 짐작할 수 있으리라 믿는다.

먼저 이장희. 내가 이장희를 처음 본 건 용문고 1학년 때다. 그때 나의 짝꿍 이영웅이 바로 장희의 삼촌이었다. 윤여정은 지금 세계적인 여배우인데, 이장희와 동대문 근처에 있던 창신 국민학교 동기동창이다. 이장희, 윤형주, 송창식, 김세환 똑같이 나보다 두 살 밑이다. 나이가 같은 그들은, 윤여정 포함 서로 야자하다가 두 살 위의 선배 가수 조영남과 결혼하는 바람에 상호 칭호가 야자가 아닌 형수로 바뀌었다. 한참을 가다가 무슨 사정으로 조와 윤이 깨지는 바람에 그 즉시 칭호가 야자로 되돌아와 오늘에 이른다. 칭호가 빠꾸를 한 것이다. 이장희는 두뇌가 빠르게 작동한다. 예측 불허다. 가수를 잘하다가 기분이 나쁘다고 가수를 때려치우고, 광화문 근처에서 옷 가게를 운영하면서 후배를 육성하다 타고난 방랑벽으로 미국으로 들어가 느닷없이 카페를 운영하다가 라디오 코리아라는 방송국 주인이 된다. 잘 나가던 라디오 코리아를 팔아치우고, 엉뚱한 곳 울릉도에 둥지를 튼다. 농부가 되는 게 그의 꿈이었단다. 요즘엔 괌이 좋단다. 그래서 괌에도 둥지를 틀었단다. 나는 평생 그의 행방을 주시하고 있다. 다음은 어디로 빠질까.

그다음엔 윤형주다. 나는 그의 육촌형 윤동주만 못 만났지. 그의 엄마, 아버지를 잘 안다. 내가 충청도 시골에 살다가 서울로 올라와 고1 때부터 다니던 교회가 동대문 옆 골목에 있던 동신 교회였는데 형주 아버지가 경희대학원 원장 출신의 영문학자 윤영춘 장로님이셨다. 형주는 중학생 때부터 내 뒤를 따르다가 프로 가수가 되어 지금도 내 뒤에 있다. 성격이 꼼꼼해서 형주 앞에서 무슨 말을 잘못하거나 실수로 하면 큰일 난다. 그는 사사건건 그의 이상한(?) 노트에 일일이 기록해 놓기 때문이다. 칠칠찮은 내 성격에선 끔

찍한 일임이 틀림없다. 교회 다닐 때, 성가대석 내 앞에 앉아 있을 때, 나는 종종 "형주야 헌금 좀 빌려줘, 헌금 좀 갈라내자. 나중에 내가 돈 벌어서 갚을게" 했는데 언젠가 형주가 눈을 똑바로 뜨고 "형! 옛날에 빌려 간 헌금 좀 돌려줘" 해서 나는 "얌마, 그 헌금이 네가 내나, 내가 내나 몽땅 하느님이 가져가는데 받는 하나님이 네 손에서 받건 내 손으로 받건 그게 무슨 차이냐" 하며 돌려주기를 지금까지 거부하고 있는 상태다. 이건 형주가 나한테 말해서 내가 나중에 알게 되었다. 교회 예배 시간에 무슨 성찬식이 실시될 때, 작은 잔에 담긴 포도주를 세례받은 사람만 한 잔씩 받아 마실 수가 있는데 내가 늘 기도 시간에 작은 소리로 "야, 위층으로 올라가자" 했단다. 거기서 남은 포도주를 마신 것이다. 형주 얘기로는 내가 성찬 포도주를 몰래 마시며 큭! 기분 좋은 표정을 지었다는 것이다.

김세환, 재벌이란 뜻이 아닌 부유한 집안 출신이다. 아버지 김동원 선생이 우리나라 대한민국 연극사에 셰익스피어의 연극으로 크게 족적을 남기신 어른이다. 내가 김세환을 처음 만난 건, 전부 세환 군의 증언으로 알게 됐지만, 독일의 대문호 괴테의 명작 『파우스트』 중에서 악마 역의 메피스토가 노래를 부를 때마다 기타 반주하는 알바를 할 때였다. 세환이 아버지가 다른 알바생이 자신과 호흡이 안 맞아 아들 세환이한테 부탁한 것이다. 그때 알게 되어 오늘에 이른 것이다.

그다음엔 송창식 얘기다. 창식이는 어떤 땐 부자였다가 어떤 땐 가난뱅이였다가 그때그때 생각 내키는 대로 여과 없이 그냥 말을 내놓는다. 되는 것과 안 되는 것의 큰 구별 없이 생각나는 대로 대답한다. 그 옛날 쎄시봉에서 알 초콜릿, 그땐 구경하기조차 힘들었던 그것이 생겨 몇 알 쥐어 창식이한테 "야, 먹어" 했는데 "안 먹어요" 했다. 내가 이 귀중한 걸 왜 안 먹냐 하니까 "집에 많이 있어요" 하길래 순간 나는 너무 거짓말을 하는 것 같아 얼결에 주먹으로 창식이 얼굴 정중앙을 냅다 후려친 적이 있다. 그게 내가 칠십 평생 살면서 저지른 최초의 폭력이자 마지막 폭력이었다.

위에 친구들은 독자님들도 잘 아는 친구만 언급했다. 그런데 내 친구가 어찌 쎄시봉 친구만 있겠는가. 내가 쓴 문학세계사 출판사에서 발간한 내 인생 전반에 관한 책 『예스터데이』에는 쎄시봉을 포함 무려 400여 명이나 등장한다. 사실상 나는 쎄시봉 멤버 중 생리적인 나이가 제일 많을 뿐이고 50년 넘는 쎄시봉 친구들과의 결속은 사실상 이장희의 공이 제일 크다고 봐야 한다. 그가 30년 가까이 외국에 거주하며 가끔 한국에 나올 때마다 큰 호텔에 방을 따로 구해 쎄시봉 멤버 중심의 파티를 열어 줬기 때문이다. 고맙다, 장희야!

개성을 표현하라

쇼펜하우어: 사람은 누구나 타고난 개성이 있다. 각자가 설정한 참된 삶의 목표 지점에 도달할 수 있는 유일한 방법은 타고난 개성을 최대한 유리하게 이용하는 것이다.

조영남: 개성을 이용하라. 가수인 나에겐 회심의 미소를 머금게 하는 말이다. 왜냐하면 나는 무리하게 개성을 이용해왔기 때문이다. 방송국 PD와 작가들 사이에 공통적으로 내려지는 출연자에 대한 평판이 있는데, 나의 경우는 간단하다. '어디로 튈지 모르는 럭비공 같은 가수.' 그게 내 개성 중 으뜸이었다.

　왜 그렇게 했느냐고? 내 방식대로 궁리가 있었다. 쉽게 말해, 자신만의 색깔을 찾아야 한다는 것이다. 나는 니체나 쇼펜하우어의 코치를 받기 훨씬 전부터 나 나름의 개성을 밀고 나갔다. 한 가지 예를 들면, 나는 나만의 독특한 복장을 갖췄다. 특히 20대 중반 군 복무를 마친 이후부터 사실상 한 가지의 옷차림으로 일관해왔다. 그건 바로 군인 전투복을 끊임없이 착용하는 것이다. 이런 때 필요한 건 남의 시선을 무시해야 하는 선의의 용기다.

내가 즐겨 입는 야전잠바는 미 육군 장병이 입는 군복이다. 미국이 어떤 나라인가? 미 육군이 자기 나라를 위해 싸우는 장병의 겉옷을 선택하는 데 얼마나 까다로운 절차를 거쳤겠는가? 내가 입는 군인 전투복은 최고로 멋스럽고 유용한 외투다. 그래서 나는 내 개성대로 입고 싶었던 옷을 찾아 고집스럽게 입은 것이다. 나의 자유롭고 편안함을 관객에게 있는 그대로 꾸밈없이 전해주고 싶었기 때문이다. 철학적으로 말하면, 나는 쇼펜하우어의 개성 우선주의를 나도 모르는 사이에 실행에 옮겼던 것이다.

내가 사귀 성공한 인물들

쇼펜하우어: 성공을 하려거든 배울 점이 많은 사람과 사귀어라.

조영남: 쇼펜하우어의 말처럼 성공하기 위해서는 배울 점이 많은 사람과 사귀는 것이 중요하다. 내 삶에서 만나고 사귄, 나에게 큰 영향을 준 성공한 인물들을 대충 떠올리면 다음과 같다.

이제하(소설가): 〈모란동백〉을 작사, 작곡, 노래까지 미술대학 출신 소설가. 그는 욕심을 부리지 않고도 평온하게 삶을 살아갈 수 있음을 보여줬다.

최인호(소설가): 뭔가에 뛰어난 재능을 보이면 고등학교 때부터 유명해질 수 있다는 걸 몸소 보여준 인물이다.

이어령(전 장관): 많은 지식을 쌓으면 그 지식을 활용할 수 있는 기회가 많아진다는 사실을 깨닫게 해주었다.

김동길(연세대 총장): 상대의 말을 경청하는 것이 얼마나 중요한지, 그리고 그로 인해 사람들을 끌어들이는 힘이 있다는 것을 배웠다.

이윤기(신화 전문 소설가): 독학으로도 모든 방면에서 문제를 해결할 수 있다는 것을 보여준 인물이다.

김장환(수원 침례교 목사): 빌리 그레이엄의 통역을 거쳐 세계 침례회 회장을 역임한 김 목사님은 누구나 잘만 하면 세계적인 인물이 될 수 있다는 교훈을 주었다.

이태영(한국 최초의 여성 변호사): 언제 어디서나 언어를 잘 구사하는 방법, 그리고 그것의 중요성을 배웠다.

김성수(성공회 추기경): 너그러운 마음씨가 얼마나 큰 효력을 발휘하는지를 보여주신 분이다.

김수한(추기경): 겸허함의 참의미를 몸소 보여주셨다.

손기정(마라토너): 바다처럼 넓은 마음씨, 남자다운 마음씨가 어떠한 것인지 나에게 직접 알려줬다.

이진용(화가): 그림을 잘 그리면 소란을 떨지 않아도 돈이 들어온다는 것을 알려줬다.

김민기: 그의 〈아침이슬〉이라는 노래를 '겨울 내복'에 비유한 언어의 마술이며 그는 내가 직접 꼽은 최초의 천재가

된다.

　이들 모두가 내 인생에 있어 큰 영향을 준 사람들이다. 추가할 일이 있다. 뭐냐. 나는 화장실에서 책을 읽는 버릇이 있다. 화장실, 나는 똥깐이라는 어휘가 훨씬 정겹다. 나한 텐 똥깐이 두 군데라서 한쪽엔 헤밍웨이의 단편집을 놓고 다른 한쪽엔 독일 심리학 박사를 취득한 김정운 교수가 쓴 『창조적 시선』이라는 책을 놓는다. 화장실 변기에 앉으면 습관적으로 정신이 홀가분해져서 시간 제약 없이 책 읽기에 딱이다. 나는 헤밍웨이의 필체, 물론 번역된 한글로 보는 거 지만, 그의 글 스타일이 너무 좋아 피츠제럴드에 관한 단편 을 몇 번이나 반복해서 읽었는지 모른다. 김정운의 글도 재 밌다. 얼마나 재밌냐. 중국의 삼국지 얘기나 일본의 대망보 다 훨씬 재밌다. 그런 책엔 뻥이 많지만 김정운의 책엔 모 든 사안에 몇 년도 몇 년도가 정확하게 기재되어 있다. 그런 내용을 한 손으로 부여잡기 힘들 만큼 두껍게 써 놓았다. 그런 친구와 가깝게 사귀고 있다. 나는 쇼펜하우어의 충실 한 제자다. 그들의 성공과 인생 철학에서 많은 것을 배울 수 있었던 건 큰 영광이었다.

행복의 가치

쇼펜하우어: 진짜 부자는 자신이 돈을 얼마나 소유하고 있는지 모르는 사람이다. 그만큼 행복의 가치를 돈에 두지 않았다는 증거다.

조영남: 쇼펜하우어의 말에 따르면, 진정한 부자는 자신이 얼마나 많은 돈을 소유하고 있는지 모르는 사람이다. 만약 이 말이 사실이라면, 독자님들은 나를 진정한 부자로 알아줘야만 할 것이다. 왜냐하면 나는 내가 돈을 얼마나 가지고 있는지 전혀 알지 못하기 때문이다.

돈이 많아서 세지 못하는 것이 아니라, 단순히 돈 계산하는 것을 싫어해서다. 이혼 후 가장 힘들었던 일은 내가 은행에 직접 가야 했다는 것이다. 몇 년 전, 미술 대작 사기 사건으로 팔았던 화투 그림 20여 점을 환불 처리해 주면서 매니저가 돈이 다 떨어졌다고 말했을 때, 나는 그저 그런가 보다 하고 은행에 가서 대출을 받으려 했었다. 나는 집을 담보로 3억쯤은 대출받을 줄 알았는데, 웬걸 1억 이상은 안 된다고 했다. 평소 돈거래가 전혀 없어서 규칙상 1억 이상은 안 된다는 것이다. 그래서 1억만 대출받아 위기를 모면했는데, 그 후 몇 년 안 되어 이 일 저 일로 돈을 벌어 대출금을 다 갚았다.

지금도 나는 내가 얼마나 벌어 놓고 있는지 전혀 모른다. 그런 걸 매니저인 딸에게도 물어보지 않는다. 나는 돈과 행복이 정비례하는지 반비례하는지도 잘 모른다. 하지만 돈이 전혀 없으면 궁핍해진다는 것쯤은 알고 있다. 돈에 대한 무관심이 나를 진정한 부자로 만든다면, 나는 정말로 부자인 셈이다.

평판

쇼펜하우어: 경쟁자와 싸우면 평판이 나빠진다. 경쟁자는 금방 상대의 약점을 찾아내 그것으로 신용을 깎아내리려 한다.

조영남: 나는 가수다. 한물갔지만, 사실은 여러 물이 가버렸지만 여전히 내 직업은 가수다. 몇 년 전부터 혼자 중얼거렸다. "와, 내 직업은 세상에서 최고구나." 특히 치열한 스포츠 경기를 볼 때 그런 생각이 들었다. 운동경기에는 반드시 경쟁자와의 대결이 있고, 승자와 패자가 갈리기 때문이다. 그런데 가수는 어떤가? 물론 경쟁 가수가 있지만, 그 경쟁이 명시되거나 발표되는 일은 없다. 기껏해야 무대에 오르는 순서대로 실력을 가늠할 수 있겠지만, 그런 것이 명확한 기준은 아니다. 가수는 자유롭게 박수를 받고, 자유로움을 누

린다. 그래서 가수가 최고라는 것이다. 조용필이나 나훈아와 싸움을 벌인 적도 없다. 내 평판이 나빠진 것은 경쟁자와 싸워서가 아니라, 아내와 아이들이 있는 상태에서 다른 여자와 바람을 피웠기 때문이다. 그 사건으로 평생 평판이 바닥으로 추락한 것이다.

한편, 쇼펜하우어는 경쟁자와 싸운 것이 아니라 평범한 여자와 시비가 붙어 평판을 잃었다. 베를린에서 젊은 교수로 있던 시절, 그는 옆집에 살던 재봉사 처녀와 다툼에 휘말렸다. 이 여자는 이웃과 수다를 떨다가 다툼을 벌였고, 쇼펜하우어는 이 다툼에 끼어들어 여자를 밀치게 되었고, 그 여자는 다쳤다며 쇼펜하우어를 고소했다. 끈질긴 재판 끝에 쇼펜하우어는 패소했고, 매년 상당액의 위로금을 지불해야 했다. 평소 겁이 많아 2층에서도 살지 못하고, 이발소에서 면도칼을 두려워해 목 근처는 면도를 못 하게 했던 쇼펜하우어가 여자들의 말다툼에 끼어들었다는 게 얼마나 우스운가? 철학계의 거장이 벌인 분쟁이 이웃집 수다쟁이 아줌마와의 말다툼이라니, 더욱더 웃기다.

나도 송사에 휘말렸지만, 내용은 훨씬 더 우아했다. 내가 칠십이 넘었을 때, 내 그림의 조수였던 친구가 대부분의 그림을 자신이 그렸다고 진술하며 검찰에 고소를 했다. 나는 무려 5년간 재판을 받았고, 1심에서 패소했지만 2심에서 무죄를 받았고, 대법원에서는 공개재판 끝에 무죄를 선고 받았다. 그 일로 내 평판은 바닥으로 내려앉았지만, 쇼펜하우어가 패소한 것과는 달리, 나는 결국 무죄를 받아냈다.

결과적으로 그 사건 덕분에 나는 화가로서 더욱 널리 알려지게 되었다. 국가가 막대한 세금을 들여 현대미술 애호가 한 명을 정식 화가로 세운 결과가 된 셈이다.

돈과 행복

쇼펜하우어: 대부분 사람은 돈과 행복을 하나로 묶어 생각하지만, 사실 이 둘 사이에는 아무런 관련이 없다. 돈이 많으면 비행기나 저택을 살 수는 있겠지만, 행복을 살 수는 없다.

조영남: 이 책은 내가 내 이름을 걸고 쓰고 있다. 쇼펜하우어 선생의 이 발언은 구시대적인 느낌이 든다. 내가 직접 읽으면서 생각해 보니, 쇼펜하우어의 격언은 반쯤 틀린 것 같다. 그래서 내가 다시 써본다면 이렇게 될 것이다: "사람들은 돈과 행복을 한데 묶어 생각한다. 이 둘 사이에는 매우 큰 관련성이 있다."

　많은 철학자나 종교인은 돈으로 행복을 살 수 없다고 주장하지만, 실제로 돈으로 행복의 절반쯤은 살 수 있다. 터

놓고 얘기해 보자. 비행기나 저택을 구매했을 때, 그 사실만으로도 충분히 행복하지 않은가? 그냥 상상만 해도 몸이 움찔할 정도로 기쁘다. 그런데 쇼펜하우어는 그런 것이 행복이 아니고, 행복은 오직 책 속에 숨어 있다고 주장한다. 그렇다면 돈을 모을 필요가 없다는 이야기인가?

내 경험상, 돈은 행복과 무관하다고 단언할 수 없다. 왜냐하면 돈이 없다면 상당 부분 행복과 멀어질 수 있기 때문이다. 상상해보라. 내가 여자친구와 만나는데, 밥도 못 사주고 영화 볼 돈도 없으며 팝콘도 못 사 먹는다면, 그 관계가 계속 지속될 수 있을까? 어림없는 얘기다. 물질적인 행복보다 정신적인 행복이 우위라는 건 맞는 말이다. 그러나 그렇게 생각하는 사람이 극소수라는 점이 나를 슬프게 한다.

운명과 사람의 근본

쇼펜하우어: 스스로 고상한 성격과 뛰어난 두뇌, 낙천적인 기질과 명랑한 마음, 건강한 신체 등의 내적인 자산이 행복을 위해 가장 중요한 것들이 된다.

조영남: 나의 엄마 김정신 권사님은 평생 교회를 다니고 자식들을 돌보며, 중풍에 걸려 누워 계시기만 하는 남편 조승초 씨를 보살피는 운명 속에 살았다. 김 권사님은 고상한 성격이나 뛰어난 두뇌의 소유자는 아니었지만, 쇼펜하우어가 말하는 낙천적인 기질과 명랑한 마음씨, 그리고 건강한 신체를 지니신 분이었다.

다른 얘기지만, 내 엄마는 셈법에 유난히 약하셨다. 수치에 어두우셨고, 나는 그런 김정신 여사님의 DNA를 그대로 물려받아 수치에 매우 약하다. 김 권사님은 여느 이웃집 아줌마와 크게 다르지 않은 분이었다.

이런 일도 있었다. 불광동 종점 산비탈에 있던 독박골이라는 마을에서 살고 있던 어느 날, 나는 사과를 광주리에 담아 팔러 다니는 아줌마와 내 엄마 김정신 권사님이 사과흥정하는 소리를 방에서 들었다. 대화는 이랬다.

"한 알에 얼마유?"

"삼백 원이유."

김정신 권사님이 잠시 뜸을 들이시더니,

"그럼 천 원에 세 알 주면 안 되겠수?"

사과 세 알이면 900원인데, 곱셈이 형편없이 약하셨던것이다. 이에 사과 장수 아주머니는 절묘하게 대답했다.

"그렇게는 안 되쥬."

여기 등장하는 사과 장수 아줌마나 김정신 권사님은 쇼펜하우어가 보기에 낙천적인 기질과 명랑한 마음의 소유자로, 사실상 가장 행복한 사람에 속할 것이다. 그리고 나는김정신 권사님의 둘째 친아들이다.

고상한 성격

쇼펜하우어: 고상한 성격의 운명을 타고난 사람은 자신의
성격과 운명을 쉽게 한탄하지 않는다.

조영남: 나는 한탄할 줄 모르는 DNA를 물려주신 조승초 씨
와 김정신 권사님께 거듭 감사드린다. 나는 정말로 한탄할
줄 모른다. 그런 걸 배운 적도 없다. 아예 그 방면에 무감각
한 성격을 타고난 것 같다. 그런데도 나는 놀랄 만한 일을 저
질렀다. 결혼을 깬 것이다. 신과의 약속을 저버린 것이다. 마
치 뉴스에서나 나올 법한 흉악한 사나이가 태권도 뒷발차기
로 상대를 가격하듯, 나는 신과의 약속을 한 방에 걷어차 버
렸다. 나는 분명 목사님 앞에서 내 옆에 있는 신부와 검은 머
리가 파뿌리가 될 때까지 함께하겠다고 맹세했다. 그런데
그 약속을 어긴 것이다. 이런 나의 불량한 행동은 언제, 누구

로부터 용서받을 수 있을까? 만약 면죄권이 거래된다면 그 것이라도 사고 싶다.

보통 사람들은 이런 식의 한탄을 한다. '나는 왜 미국 같은 곳에서 태어나지 않고, 하필 분단국가인 한국에서 태어났을까.' '나는 왜 이렇게 못생겨 보이게 태어났을까.' '왜 나는 키가 이렇게 작을까.' '왜 나는 남들보다 달리기를 잘 못할까.' 그런데 나는 그런 후회나 한탄을 해본 적이 없다. 왜냐하면, 한탄이나 불만으로는 세상 어떤 일도 해결되지 않는다는 것을 알기 때문이다. 단 한 가지 탄식할 일이 있다면, 그것은 신과의 약속을 깬 것이다. 그 사실을 마음속에 담고 살아왔다. 하지만 실제로 한탄이나 탄식을 실행하진 않았다. 그런 걸 하지 않고도 그럭저럭 버틸 만했기 때문이다.

이제 살 날이 많이 남지 않았다. 죽기 직전에라도 탄식이나 큰 통곡 같은 걸 체험해보면 어떨까 싶지만, 그런 상황이 정작 오면 나는 또 무난히 소화해낼 것 같아 내 말년이 그저 재미없게만 느껴진다. 신의 가호가 내게 깃들기를 바라며, 앞으로도 얼마나 살지 모르겠지만, 그렇게 쭉 덤덤하게 살아갈 것이다.

사람은 원래 선량하다

쇼펜하우어: 사람은 원래 선량한 본성을 가지고 태어난다.

조영남: 뉴스를 보면서 이 글을 쓰고 있다. 글쎄, 1800년대 말쯤에 살았던 쇼펜하우어가 지금 2024년 대한민국의 뉴스를 봤더라면, 과연 '사람은 원래 선량하게 태어난다'고 말할 수 있었을까. TV 뉴스에서는 살인, 강간, 절도, 방화 등 온갖 불량한 사건들이 끊임없이 보도된다. 그러면서도 우리는 이런 뉴스를 무감각하게 지나친다. 우리나라는 세계에서 가장 고소·고발이 많은 나라다. 그리고 존속살해, 자살률 1위다.

내가 어린아이였을 때는 아마도 선량했을 것이다. 하지만 나이가 들고 사회생활을 하면서 사람에게도 때가 끼기 시작한다. TV 뉴스에 나오는 저 사람들도 원래는 착한 사람으로 태어났을지 모른다. 쇼펜하우어가 '사람은 원래 선량한 본성을 가지고 태어난다'고 말했지만, 나는 모든 것을 그런 식으로 단정 짓는 말투가 싫다. 사람은 악인의 본성을 가지고 태어날 수도 있지 않은가. 쇼펜하우어의 의견이 좋다. 사람들이 모두 선량한 본성을 가지고 태어난다면 얼마나 좋을까. 그러나 나는 선천적인 양면주의자다. 선량함도 있고 불량함도 있다. 매사에는 양쪽 측면이 있는 법이다.

이 믿음 때문에 나는 결국 목사 라이센스를 받았음에도 목사가 되는 일을 주저했다. 기독교에서 '신은 하나다'고 하는데, 나는 '신이 둘일 수도 있지 않을까'라고 질문했다. 공부하다 보니 신이 셋으로 늘어났다. 트리니티, 즉 삼위일체론이다. 지금 생각해보면 목사직을 포기한 것은 정말 잘한 일이다. 내가 쇼펜하우어에 매료된 이유는 나와 생각의 일치가 많았기 때문이다. 여기서 조펜하우어가 쇼펜하우어의 직언에 한 숟갈 더 얹는다. 세상에는 선량한 사람이 불량한 사람보다 훨씬 더 많다.

고독 속에 유배된 천재 ―김민기

쇼펜하우어: 천재는 한편 저주받은 인간이라고 볼 수도 있다. 천재는 평생 자신을 마치 고독 속에 유배된 인물처럼 여겨야 한다.

조영남: 괴테, 헤겔, 마르크스 같은 철학자들은 역사 속에서 천재나 영웅을 배제하려 했지만, 쇼펜하우어는 그들과 달리 영웅숭배론을 지지했다. 보다 나은 세상을 위해 천재나 영웅의 추진력이 필요하다고 본 것이다. 사실 믿기 어렵겠지만, 나도 때때로 천재가 아니냐는 말을 듣곤 한다. 그러나 천재라는 말은 내게 너무 멀리 있는 것처럼 느껴진다. 24살에 바젤대 교수가 된 니체나, 25살에 독일 박사 학위를 받은 쇼펜하우어, 세무서 평사원으로 〈상대성이론〉을 쓴 아인슈타인, 5살에 피아노를 마스터한 모차르트 정도 되어야 진짜 천재

로 여겨지기 때문이다.

그런데 최근에 TV 다큐멘터리를 보면서 내가 천재를 눈앞에서 보았다는 사실을 깨달았다. 천재를 실제로 본 것이 너무나 신난다. 여기서 나는 김민기에 대해 조금 더 얘기할 수 있는 기회가 온 것을 기쁘게 생각한다.

김민기는 우리의 말을 구사하는 능력이나 외국어를 다루는 능력에서 남다른 면모를 보여준다. 그가 연극을 연출하면서 출연자를 '앞것'으로, 연출직은 '뒷것'으로 칭한 것, 그리고 수백 명의 배우들에게 종이 계약서에 서명하게 한 일들은 그가 시대를 앞서간 인물임을 증명한다. 결정적인 것은 주병진 TV 토크쇼에서 〈아침이슬〉이 국민 노래가 된 것에 대해 자랑스럽지 않느냐는 질문에 "겨울 속내복 같다"고 답한 것이다. 그가 서울미대 재학 중일 때 결성한 '도비두'라는 중창팀, 이름은 바로 '도깨비 두 마리'라는 뜻이다. 영어 단어 'problem'과 'trouble'을 합성해 '트러블럼'이라는 신조어를 만들어 사용한 것, 그리고 나는 그가 술을 마셔도 주정을 부리지 않는 그를 보면서 나는 늘 남다른 후배라고 생각했다.

그리고 한참 후 그가 어디론가 끌려가 죽었다는 풍문이 돌던 때, 아! 때가 됐구나 싶어 미국에서 한국으로 오는 비행기 안에서 노래를 만든 게 바로 〈김군에 관한 추억〉이다. 녹음까지 다 끝내고 보니 그가 죽지 않고 살아 있었다. 내가 '야! 너 죽지 않았냐' 했을 때 맹갈이가 껄껄 웃었던 것으로 기억이 된다.

〈김군에 관한 추억〉이라는 제목으로 나의 시를 마무리하려 한다.

가버린 내 친구여! 세상 사는 게 힘들다던 친구여 내 친구여

언제나 창백한 얼굴에 어둠 깃들어 말 붙이기가 조심스럽던 내 친구여

가버린 내 친구여 세상 사는 게 우습다던 내 친구여! 내 친구여!

어쩌다 술 한잔 취하면 육자배기 타령을 그토록 잘 부르던 내 친구여

너의 기타 치는 솜씨는 일류였지, 너의 노래 속엔 뜻이 있었지

단지 노래를 불러 출세하기가 너무도 쑥스러워 말없이 가곤 소식 없는 친구여

가버린 내 친구여! 이젠 소식 한 장도 없는 내 친구여

이놈의 세상살이가 얼마나 힘든가 빵공장에 나가 일 해
봐야겠다던 나의 친구여

가버린 내 친구여. 이젠 소식 없는 내 친구여

언제나 만났다 헤어지며 우린 내일 다시 못 만날 거라던
친구여

가버린 내 친구여, 아침 이슬처럼

뒷얘기지만 그 사건은 웃음거리로 싱겁게 남았다.

그런데 이번에는 정말 그가 세상을 떠났다. 장례식장에
서 가서 직접 허리를 굽혀 인사까지 했으니 그는 요절 천재
가 아닌 칠십 넘긴 장수 천재였다. 나는 그토록 결이 고운
사람을 만나 본 적이 없다. 그는 쇼펜하우어의 말처럼 고독
속에 유배된 인물처럼 살았다. 그런데 그가 못내 요절한 천
재처럼 느껴지는 이유는 뭘까. 그의 말대로 모순에 어긋나
는 생각만 든다.

4장

예술과 죽음에 관하여

죽음에 관한 고찰

쇼펜하우어: 우리 인간의 생명은 오직 죽음을 피하려 하고, 죽음의 시간을 늦추려 애쓴다. 따라서 우리는 매초 매 순간 죽음에 맞서 싸운다고 할 수 있다.

조영남: 믿거나 말거나, 나는 공부를 많이 했다. 수십 년 동안 학교에 다니며 지식을 쌓아왔고, 현재 내 책장에 꽂혀 있는 수많은 책들과 내 이름으로 출간된 열댓 권의 책들만 봐도 알 수 있다. 진리를 찾아 헤매며 결국 40대 중반쯤 내린 결론이 있다. 내가 배운 지식 중에서 단 하나의 진리, 딱 하나 있다. 나머지는 다 너절한 잡소리다. 딱 하나의 진리, 그것은 '나는 언젠가 반드시 죽는다'는 것이다. 이거 하나뿐이다. 이보다 더 확실한 진리가 있다면 나에게 알려주기 바란다.

그래서 나는 기회가 있을 때마다 죽음에 대해 이야기

해 왔다. 하지만 대부분 사람은 죽음이라는 단어에 거부감을 느끼는 듯해 요즘은 많이 자제하고 있다. 그런데 왜 나는 죽음을 자주 언급하는가? 어차피 다가올 죽음을 미리 준비하는 것과 다름없기 때문이다. 나는 자살할 용기가 없다. 그래서 어쩔 수 없이 살아야 한다. 살기 싫어도 죽지 못하니 살아야 하는 것이다.

인생에는 크게 두 가지 길이 있다. 하나는 재밌게 사는 길, 다른 하나는 우울하게 사는 길이다. 나는 바보가 아니기 때문에 당연히 재밌게 사는 길을 택했다. 그래서 노래도 부르고, 그림도 그리고, 책도 쓰면서 내 인생을 즐겁게 만들어가고 있다. 가끔 여자친구도 만나면서 말이다. 이것이 내가 죽음에 맞서 싸우는 방식이다.

쇼펜하우어는 우리가 매초 매 순간 죽음에 맞선다고 했다. 나도 내가 몇 년 안에 죽을 것을 훤히 알고 있다. 그래서 남은 시간 동안 어떻게든 재밌게 살아야 한다고 생각한다. 재밌게 사는 것보다 더 좋은 방법이 있다면 빨리 알려주기 바란다.

자발적 죽음

쇼펜하우어: 얼마나 많은 영웅과 현인들이 자발적 죽음을
통해 자신의 삶을 마감하지 않았던가.

조영남: 나는 자살한 사람을 무조건 우러러보는 경향이 있
다. 자살한 사람은 대부분 영웅이나 현인처럼 보인다. 왜 그
럴까? 간단하다. 나는 자살을 한 번도 실행에 옮기지 못했기
때문이다.

　자살한 가수 중에 나의 대선배 윤심덕이 있다. 윤심덕은
일본에서 성악을 공부하며 〈사의 찬미〉라는 음반을 취입
했고, 그것이 크게 히트했다. 그런데 그때 그녀는 전라도의
부잣집 아들과 사랑에 빠졌다. 그들이 왜 일본에 더 머무르
지 않고 굳이 한국으로 돌아오려 했는지 잘 이해가 안 된다.
어쨌든, 그들은 한국행 배를 탔다. 그때는 비행기가 없었을

것이다. 둘은 아무도 모르게 손을 꼭 잡고 (내 추측이다) 현해
탄 물길에 뛰어든다. 그때 윤심덕은 29세였다.

화가들 중에서도 자살한 이들이 많다. 내가 미술을 독학
하던 시절, 흉내 내고 싶어 했던 스탈도 투신 자살했고, 서
정적 추상의 대가 마크 로스코도 자살했다. 지금은 대통령
영부인이 된 김건희 여사의 초청을 받아 그녀의 친절한 안
내로 로스코의 작품을 감상했던 기억이 떠오른다. 그녀의
남편이 미국에서 부른 〈아메리칸 파이〉를 TV를 통해 들었
다. 잘한다. 나는 가수이기 때문에 노래 잘하는 사람을 좋
아한다. 역시 나와 비슷한 처지였던, 목사 공부를 하다가 화
가로 돌아선 반 고흐도 자살했다.

멀리 갈 것도 없다. 내 곁에서 함께 활동했던 행복 전도
사 최윤희, 이 사람이 내 곁을 떠난 2009년의 일은 아직도
생생하다. 최윤희는 사랑하던 남편의 도움으로 자살을 감
행했고, 남편도 따라 죽었다. 이건 딴 얘기지만, 그 옛날 나
는 한때 로미오와 줄리엣을 맺어준 신부가 되는 게 꿈이었
다. 믿기 어려울지도 모르지만, 한때 나는 남녀를 사랑으로
맺어주는 일이 세상에서 제일 멋진 일이라고 생각했다.

죽음이라는 재앙

쇼펜하우어: 죽음이란 인간이 성적 쾌락을 즐기는 성적 접촉을 통해 묶인 매듭이 처절하게 풀리는 중대한 재앙이다.

조영남: 철학과 문학을 통틀어 인간의 죽음에 대해 이토록 예리하고 충격적인 해석을 내놓은 사람이 또 있을까? '죽느냐 사느냐'를 외친 셰익스피어보다 훨씬 현란한 통찰이다. 쇼펜하우어는 정말 괴테가 인정한 천재답다. 죽음과 성적 쾌락, 그리고 그것을 연결하는 미궁의 매듭. 이 매듭이라는 비유가 얼마나 놀라운가? 톨스토이가 감탄할 만한 어휘의 구사다.

　지금 나는, 내 삶의 매듭이 풀리기 전에 쇼펜하우어 선배를 만나게 되어 마냥 설레는 마음이다. 나는 잘 늙어가고 있고, 죽음을 향해 비교적 잘 가고 있는 느낌이다. 죽음

의 재앙으로부터 완전히 부활하는 기분이다. 내 삶의 매듭
이 제대로 풀리는 것 같은 기분이 든다. 그동안 나는 내 삶
이 풀리는 걸 걱정하지 않았던 너무 많은 매듭들을 방치해
왔다. 이 매듭들은 단순한 것이 아니라, 꼬이고 뒤틀린 악질
적 매듭들이었다. 예를 들어, 수면제 없이는 잠들지 못하는
매듭 같은 것들. 그 매듭들이 언제쯤 풀릴지는 모르겠지만,
그렇다고 그것으로 스트레스를 받지는 않는다. 억지로라도
그렇게 긍정적으로 풀어내야 한다.

종교에 대한 고찰 1

쇼펜하우어: 종교는 어떤 경우에도 신의 존재를 내세우며 그것을 증명하려 애쓴다. 만일 다른 방법으로 영생이 확인된다면 종교의 신에 대한 열렬한 신앙은 금방 식어버릴 것이다.

조영남: 쇼펜하우어의 이 지침을 놓고 스스로에게 몇 가지 질문을 던져본다.

"영남 씨, 종교 있습니까?"

"네, 있습니다."

"어떤 종교인가요?"

"저는 모태신앙으로 기독교 신앙을 갖고 있습니다."

"그럼 신의 존재를 믿나요?"

"어설프지만 믿는다고 대답하겠습니다."

"왜 그렇게 자신이 없습니까?"

"그렇죠, 어떤 때는 신이 있는 것 같고, 또 어떤 때는 없는 것 같아서요."

"새로운 종교를 만든 적이 있다고 들었는데요?"

"아! 그거요. 네, 맞습니다. 그냥 친구들을 웃기려고 만든 겁니다."

참고로, 나는 실제로 한 번 종교를 창설한 적이 있다. 종교의 이름은 '재수교'였다. 예수교와 비슷하게 들리지만, 뜻은 다르다. 아무리 노력해도 재수 좋은 사람에게는 이길 수 없고, 아무리 성실하게 일해도 재수 좋은 놈에게 못 당한다는 생각에서 비롯된 종교다. 그래서 '재수교'다. 당시 교세도 꽤 컸다. 그 외에도 내가 창설해 회장이 된 협회가 있었으니, 바로 '전푼협'이다. 전국에 퍼져 있는 푼수들의 협의체다. 내가 초대 회장을 맡았었다. 하지만 내가 창설한 종교와 협회는 그리 오래가지 못했다.

종교에 대한 고찰 2

쇼펜하우어: 일반적으로 종교는 대중에게 많은 혜택을 주는 필수품이다. 그러므로 종교가 진리 인식을 배격하며 인류의 발전을 가로막는다고 해도 우리가 종교에 대한 비난을 가능하면 삼가는 것이 옳다. 그러나 괴테나 셰익스피어와 같이 위대한 정신의 소유자에게 어떤 종교의 교리를 그대로 믿으라고 강요하는 것은 마치 거인에게 신데렐라의 유리구두를 신어달라고 말하는 것이나 다름없다.

조영남: 이 세상에 종교는 우리가 아는 것보다 훨씬 많다. 불교, 소크라테스교, 공자교, 맹자교, 무함마드교, 단군교 등등, 수없이 많다. 그런데 쇼펜하우어가 말하는 종교는 내 생각에 예수교, 즉 기독교를 대상으로 하고 있는 것 같다. 여기서 쇼펜하우어가 괴테나 셰익스피어 같은 위대한 정신

의 소유자들에게 종교를 강요해서는 안 된다고 말하는 것은, 사실상 니체의 위대한 선언 '신은 죽었다'의 전주곡처럼 들린다.

쇼펜하우어는 분명 괴테나 셰익스피어가 기독교에서 주장하는 예수를 믿어야 구원을 받을 수 있다는 원칙에 설득되지 않을 것이라는 선입견을 가지고 있다. 이는 니체가 차라투스트라의 입을 통해 '신은 죽었다'라고 선언한 것과 맥을 같이 한다. 다시 말해 쇼펜하우어는 괴테나 셰익스피어 같은 위대한 사상가는 제도화된 기독교의 논리를 따르지 않는다는 견해를 통해 철학과 기독교는 그 뿌리가 다르다는 점을 우회적으로 펼쳐나가면서 철학자답게 종교 즉 유럽에 팽배해 있던 기독교를 변방으로 밀어내는 작업에 몰두하고 있다.

실제로, 니체가 쇼펜하우어의 영향을 받았다는 것은 분명하다. 쇼펜하우어는 종교를 옹호하는 듯하면서 동시에 그 한계를 지적하는 이중적인 철학적 태도를 보이고 있다. 특히 괴테나 셰익스피어에게 종교 사상을 강요해서는 안 된다는 말은 종교가 위대한 정신을 포용할 수 없다는 의미로 읽히지만, 여기서 한 가지 중요한 사실을 간과해서는 안 된다. 104세까지 생존하신 우리의 김형석 교수님은 독실한 기독교도이시지만, 이런 경우를 대비해 우리가 종교를 넘어서야 한다고 강조하고 있다. 김형석 교수는 순수하고 진정한 기독교 정신을 전달하며, 종교를 넘어서야 한다는 지적이 기독교 정신의 바탕에서 나온 쇼펜하우어보다 한 수 윗질의 코칭을 실현하고 있다는 것이다.

반면, 쇼펜하우어는 기독교 정신이 한계와 결함이 많다고 보면서도 일반인에게는 종교 정신을 따르는 것이 더 유리하다고 말한다. 그러면서도 괴테나 셰익스피어 같은 우수한 인간들을 예로 들며, 높은 정신의 소유자는 종교 없이도 충분히 소중한 삶을 유지할 수 있다고 여러 길을 열어주고 있다. 이런 점이 쇼펜하우어가 칸트를 비롯 많은 선배 철학자들과 보다 넓고 실용적 시각의 소유자였음을 말해준다. 이렇게 철학으로 다양한 시각을 펼친 철학자는 매우 드물다.

종교에 대한 고찰 3

쇼펜하우어: 우리 인간의 비열한 야수성이나 저열한 횡포에서 벗어나게 하려면 과연 무엇이 필요할까? 이때 진리 따위는 아무 소용도 없다. 왜냐하면 보통 사람들은 진리를 깨닫지 못하기 때문이다. 그렇다면 어떤 꾸며낸 이야기나 비유를 지어내서 사용할 방법밖에 도리가 없다. 그래서 이런 사람들을 위한 기성 종교가 생겨나는 것이다.

조영남: 풀어서 얘기하자면, 이건 신성모독적인 내용이다. 진리를 알리기 위해 이야기를 꾸며내거나 비유를 지어내 종교를 만들어낼 수밖에 없다는 말이다. 즉, 인간이 필요에 의해 신을 만들어내고, 그로 인해 종교가 시작되었다는 것이다. 사실, 기독교에서의 신은 인간보다 훨씬 이전에 존재했으며, 인간을 창조하고, 인간은 그 신의 가르침을 따라야 한다고

가르친다. 그러나 쇼펜하우어는 인간이 필요에 의해 신과 종교를 만들어냈다고 주장한다.

흥미롭게도 이러한 주장으로 쇼펜하우어는 후배 실존 철학자 니체의 강력한 지지를 받는다. 철학자들끼리 끼리끼리 논다는 말이 딱 맞다. 니체는 '신은 죽었다'는 유명한 선언을 통해 기성 종교의 기초를 흔들었는데, 이러한 니체의 생각은 쇼펜하우어의 영향을 크게 받은 것이다. 쇼펜하우어는 종교를 인정하는 듯하면서도, 그 이면에 깔린 인간의 필요성과 한계를 꼬집는다. 그래서 신의 개념조차 인간이 만들어낸 것이라고 너그럽게 인정하면서도, 종교의 기초에 대한 비판을 서슴지 않는다.

결국, 쇼펜하우어의 이러한 접근은 인간이 만들어낸 종교의 속성을 꿰뚫어 보면서도, 그 필요성 또한 인정하는 복합적인 시각을 담고 있다. 이러한 시각은 니체의 실존 철학에 강한 영향을 미쳤고, 이는 철학자들 사이에서 긴밀하게 얽힌 사상적 교류를 보여주는 예라 할 수 있다.

직업

쇼펜하우어: 보통의 직업군에서 탁월하다면 그럭저럭 괜찮은 존재임을 의미한다. 최상의 직업군에서 최고급이 되는 것의 장점은 많은 대중에게 존경받고 대중들의 환심까지 살 수 있다는 것이다.

조영남: 어렸을 때 나의 꿈은 공주 사범학교를 나와 초등학교 선생님이 되는 것이었다. 그다음으로는 아버지 조승초 씨의 직업인 목수가 되는 것도 생각해봤다. 예수님의 아버지 요셉의 직업도 목수였다. 만일 내가 선생님이나 목수가 되었다면 그 분야에서 그럭저럭 괜찮은 존재가 되었을지도 모른다. 하지만 뜻하지 않게 나는 가수라는 직업을 갖게 되었고, 어찌저찌해서 화가라는 직업도 갖게 되었다.

그러면 지금 나는 대중으로부터 존경받고 환심도 사고

있는가? 그렇다. 가수라는 직업으로 약간의 존경과 환심을 얻고 있는 것은 사실이다. 그러나 그게 무슨 소용이 있을까? 나에게는 안티의 수가 지지자들보다 훨씬 많으니 말이다. 특히 결혼 생활을 유지하지 못한 것이 큰 문제였다. 이 점에서 나는 늘 죽을 맛이다.

몰입, 몰두의 재미

쇼펜하우어: 동물은 매 순간 자기 일에 몰두한다. 동물은 현재의 형편에 따라 아무런 걱정 없이 매 순간 살아간다. 하지만 사람들은 현재의 순간에 몰입하지 못하고 그 순간을 소중하게 생각하지도 못한다.

조영남: 세상을 살아가는 데 있어 모든 재미있는 일은 몰입과 몰두와 깊은 관계가 있다. 낚시꾼들은 하루 종일 낚시에 몰입하고, 장기나 체스, 바둑 두는 사람도 마찬가지다. 모든 스포츠도 몰입의 상태에서 유지된다. 마치 세상사는 몰입 경쟁이나 다름없어 보인다. 나는 가수로서, 돈을 받고 노래를 부를 때도 마음을 가다듬고 시작부터 끝까지 정신 바짝 차려 몰입한다. 노래 한 곡을 부를 때는 몰입이 당연한 태도다. 또한, 그림을 그릴 때도 몰입한다. 한두 시간이 어떻게 지나

가는지도 모를 정도다.

심지어 나쁜 일을 할 때도 몰입은 중요하다. 예를 들어, 도둑질을 하면서 콧노래를 부르고 여유를 부릴 수는 없는 일이다. 도둑질도 몰입해야 성공할 수 있다. 자신이 좋아하고 재미를 느끼는 일은 저절로 몰입하게 된다. 그래서 내가 무엇에 몰입하는지부터 찾아야 한다.

나는 쇼펜하우어의 몰입에 대한 지침에 큰 걱정을 할 필요가 없었다. 노래할 때마다 나는 최대한 몰입과 몰두를 보여주기 때문이다. 왜 노래를 잘 불러야 하느냐고? 내가 아는 모든 여자가 한결같이 말해주었다.

"영남 씨는 무대에서 노래할 때가 제일 멋있어요."

즉, 노래를 부를 때 몰두의 모습을 보이지만, 노래 외에는 젬병이라는 뜻이다. 맞는 말이다.

몰두에 관한 내 경험을 하나 이야기하자. 내가 미국 플로리다에 머물 때, 리마킴이라는 한국 여성이 우리 동네에 있었다. 그녀는 영국계 남자와 결혼해 고급 집에 살고 있었다. 어느 일요일 오후, 우리는 리마킴의 집 바닷가 덱에 앉아 차를 마시고 있었고, 아이들은 덱의 끝에서 낚시에 열중하고 있었다. 그런데 갑자기 리마킴이 악! 소리를 내며 얼굴을 감싸기 시작했다. 알고 보니 리마킴의 아들이 던진 낚시

바늘이 그녀의 콧구멍에 정통으로 박힌 것이었다.

그 순간 나는 철학적인 문제, 즉 감성이 이성에 앞선다는 사실을 깨달았다. 그녀의 코에서 피가 줄줄 흘러나왔지만, 나는 웃음을 참기 어려웠다. 낚싯바늘에 매달린 피맺힌 주꾸미 꼬리의 모습이 너무 우스웠기 때문이다. 얼굴을 돌려 웃음을 참으며, 리마킴의 남편이 낚싯바늘을 빼려 했지만, 바늘은 더 깊이 파고들었다. 우리는 조심스럽게 낚싯줄을 잡고 우선 집으로 들어갔다. 리마킴의 남편이 맨 앞에서 낚싯대를 조심스러운 표정으로 잡고 그다음 리마킴이 코에 꽂힌 낚싯줄을 살짝 당겨 잡고 따라갔고 다음은 리마킴의 아들이 죄인처럼 고개를 푹 숙인 채 따라갔고 그 뒤로 우리 아들과 윤여정 그리고 맨 뒤에 내가 비장한 표정으로 따라갔다. 그때의 행진은 내 생애 가장 조심스럽고 몰두한 순간이었다.

이후, 리마킴은 병원으로 향했고, 집에 남은 윤여정과 나는 배꼽을 잡고 웃었다. 우린 아무 말도 못 하고 참았던 웃음을 쏟아냈다. 뒹굴뒹굴 구르며 웃었다. 그때 나는 웃다가 죽을 수도 있다는 사실을 깨달았다. 웃음도 몰두와 몰입의 한 형태일 수 있음을 알게 된 것이다.

진리의 단계

쇼펜하우어: 진리는 보통 세 단계로 펼쳐진다. 첫 번째 단계에서는 비웃음을 사게 된다. 두 번째 단계에서는 적극적인 반대에 부딪힌다. 세 번째 단계에서야 비로소 진리가 공인된다.

조영남: 내 생각에 진리가 공인되기까지는 단순히 세 단계로 끝나는 것이 아니라, 수십 개의 단계를 거쳐야 할지도 모른다. 예를 들어, 나는 2002년쯤 일본을 탐사 방문한 후 그 방문기를 《중앙일보》에 연재하다가 그 연재물을 묶어 《중앙일보》 출판국의 이름으로 책을 낸 적이 있다. 문제는 책 제목부터 시작되었다. 『맞아 죽을 각오로 쓴 100년만의 친일선언』이라는 제목이 바로 그것이었다.

나는 서문에서 분명히 밝혔다. '친일親日'이라는 단어가 잘못 쓰이고 있다. '친일'의 본뜻은 '일본과 친하자'는 뜻이다. 그러나 실제로는 이 단어가 '매국', '배신자'라는 의미로 왜곡되어 쓰이고 있다. 이것은 크게 잘못된 처사다. 최현배 선배의 가르침대로 우리는 '친일'을 본래의 뜻으로 되돌려야 한다고 주장했다. 일본을 비판할 때는 비판하더라도, 우리가 세상에서 가장 아름다운 우리말을 너무 과격하게 사용해서 그 뜻까지 왜곡해서는 안 된다. 100년 이상 '친일'이 '매국'으로 사용되어 왔으니, 이제는 본뜻으로 돌려놓아야 한다고 생각했다.

나는 신학대학 출신이기 때문에 원수까지도 사랑해야 한다는 기독교의 큰 뜻에 따라, 내가 하는 일이 진리 중의 진리라고 확신했다. 그럼 결과는 어땠을까? 책 제목대로 나는 비웃음을 산 것이 아니라, 온갖 비난과 공격을 받았다. 진짜로 맞아 죽을 뻔했다. 나는 온 국민으로부터 빨간딱지, 레드카드를 받고 2년 동안 퇴장당했다. 세 번째 단계는? 시끄럽다. 세 번째고 뭐고, 내가 체험한 진리에 관한 문제는 생각보다 단순하다. 진리를 알고 있다면 침묵하라. 진리를 말하려면 맞아 죽을 각오를 해야 한다.

또 다른 진리에 대한 이야기를 하자면, 언제부턴가 담뱃갑에 혐오스러운 이미지들이 그려지기 시작했다. 너무 무섭고, 혐오스럽다. 미학적으로 보자면 최상의 예술 작품일 수도 있겠지만, 그 그림들 때문에 담배를 피우는 사람이 줄어들 것 같지는 않다. 나는 담뱃갑을 보지 않으려고 애를 쓰지만, 눈에 띄는 것을 피하기가 어렵다. 전매청을 다스리는 고위공무원님께 부탁드린다. 제발 재고해 주시길 바란다. 외국 담배의 포장은 얼마나 근사한가. 미학적으로도 최고 수준이다. 그래서 나는 '담뱃갑새' 추진 본부를 설립했다. 담뱃갑 새로 그리기 추진 운동 본부다.

망각의 강력함

쇼펜하우어: 망각은 절망보다 훨씬 강력하다.

조영남: 나는 선천적으로 망각증을 타고났다. 나의 망각증은 약으로도 고쳐지지 않고, 병원에 가도, 수술해도 못 고친다는 걸 일찍부터 알았다.

　나는 초등학교 4학년 이전에 일어난 일들은 까맣게 모른다. 6·25 동란 때 북쪽에서 어떻게 어떤 모습으로 피난 내려왔는지, 그때가 일곱, 여덟 살쯤이었을 텐데, 모든 것이 깜깜 절벽이다. 황해도에서 태어나 피난 내려와 충청도로 오게 되었는데, 그 과정조차 까맣게 잊어버린 채 지금까지 살아왔다. 그래서 정주영 어른이 평양에 지어준 유성 체육관 개관 공연에 초대받았을 때, 나와 우리 가족은 크게 기뻐했다. 왜냐하면, 분단 역사상 최초로 버스를 타고 임진각에서 평양까지 가는 통로를 지나면서 내가 태어난 황해도 남천을 볼 수 있는 절호의 기회였기 때문이다.

그런데 내가 태어난 고향, 남천을 구경했느냐고? 헉! 못했다. 한참 긴장하며 기다렸는데, 하필 그 순간에 잠이 들어버렸기 때문이다. 그 얘길 공연 중에 말했더니 평양 사람들이 모처럼 환하게 웃었다. 그런데 돌아오는 길에도 역시 못봤다. 또 졸았기 때문이다. 믿어 달라. 나는 내가 언제 동정을 뗐는지도 모른다. 내 동정의 상대가 누구였는지 청계천변이나 종삼 같은 곳을 떠올려 봐도 소용없다. 캄캄하다. 뭐니 뭐니 해도 쇼펜하우어가 "망각이 절망보다 강력하다"라고 했으니, 나의 망각이 초강력한 힘을 발휘할 날을 기다리는 수밖에 없다.

아침저녁에 한 발을 침대 위에 걸쳐 놓고 있다. 허벅지와 무릎 사이에는 팬티가 한 장 걸려 있다. 그런데 한 가지 고민이 생긴다. 이걸 입으려고 했는지 벗으려고 했는지 생각이 깜깜하다. 안경을 쓰는데 딱 소리가 났다. 안경을 걸친 채 그 위로 또 안경을 쓰려 했기 때문이다.

자기만의 관점으로 산다는 것

쇼펜하우어: 어떤 종류의 간섭도 받지 않고 자기 의견이나 관점을 관철하기란 여간 힘든 게 아니다.

조영남: 이런 차원이라면 나는 쇼펜하우어의 제자가 될 만하다. 왜냐면 나는 20대 중반부터 지금까지 많은 사람으로부터 "자유로운 영혼의 소유자"라는 소리를 들어왔다. 내 의견이나 관점을 타인에게 관철했다는 얘기다. 쉽게 말해 내 멋대로 살았다는 뜻이다. 즉, 타인으로부터 간섭받지 않고 내 의견과 내 관점에 따라 말하고 행동했기 때문이다.

좌파냐 우파냐? 난 양쪽 다. 또 하나, 내 독립적인 의견과 주장이 있다. 우리는 교과서에서 분명히 배웠다. 조선왕조가 망한 이유 중 하나가 당파 싸움 때문이라는 게 정설로 내려온다. 그런데 내 관점은 전혀 그렇지 않다. 실제로 우리가 망했다면 지금쯤 쫄딱 망한 폐허만 남아 있어야 한다. 그러나 우리 대한민국이 진짜 망했는가? 천만의 말씀이다. 분단 상황에서도 우리나라는 세계 강대국 10위쯤에 왔다 갔다 한다.

나는 알고 있다. 우리나라는 당파 싸움을 잘해 부강한 나라가 됐다. 보라! 세계에서 여당과 야당이 가장 치열하게 싸우면서도 우리는 경제 대국으로 우뚝 섰다. 그러므로 여당과 야당, 국민의힘과 민주당은 더 싸워야 한다. 그들은 사실 양편 다 애국 경쟁을 하고 있는 거다. 그러므로 한동훈과 이재명은 더 싸워야 한다. 치고받고 싸워라. 아직 멀었다. 양쪽 다 나라를 위해 투쟁하는 애국 경쟁을 하는 것이다. 대한민국, 만세!

고뇌의 노예

쇼펜하우어: 내가 세상에 태어난 것은 고뇌의 노예가 되기 위함이었다.

조영남: 위험하고 무시무시한 경구다. 우리의 몸이라는 것은 생물학적으로 죽음 직전까지만 몸의 구실을 할 수밖에 없으므로, 죽음 직전까지 우리의 몸은 고뇌와 노예의 신세라는 것이다. 나는 지금 75년을 넘겼고, 쇼펜하우어는 72년 동안 살았다. 그런데 나는 지금 이 순간까지 심각할 만큼의 고뇌에 직면해 본 적도 없고, "아! 내가 지금 노예 생활을 하고 있구나" 싶을 만큼의 힘겨운 일에 처해 본 적도 없는 것 같다.

『노인과 바다』를 쓴 유명한 소설가 어니스트 헤밍웨이도 복싱, 경마, 경륜에 깊이 빠졌었다. 그럼 그는 고뇌의 노예가 되는 게 싫어서 그랬을까? 그가 자살한 것도 노예로부터 풀려나기 위함이었을까? 아마도 삶의 피로감 때문이었을 것이다. 피로감이 곧 노예라고 억지로 밀어붙인다면 별수 없는 일일지도 모른다.

그런데 큰일 났다. 내가 오랫동안 극히 좋아했고 존경심을 표했던 프랑스 철학자 볼테르도 쇼펜하우어와 똑같은 얘기를 했단다. '나는 고뇌의 노예가 되기 위해 이 세상에 태어났노라.' 안 되겠다. 결단을 내려야겠다. 분명 무슨 비상한 뜻이 숨겨져 있겠지만, 내 두뇌의 이해력은 매우 좁다. 그러므로 21세기를 살고 있는 동방의 개똥철학자, 아마추어 철학자 조영남은 매우 독자적인 결론을 내린다. 내가 세상에 태어난 것은 고뇌의 노예로부터 탈출하는 재미를 맛보기 위해 이 세상에 태어났느니라. 땅! 땅! 땅!

만족한다는 것

쇼펜하우어: 착하고 따뜻하고 부드러운 성격을 가진 사람은 갑자기 궁핍한 상황이 와도 그 상황에 만족감을 느낄 수 있지만, 인색하고 시기심 많은 못된 성격을 지닌 사람은 아무리 막대한 재물이나 부를 쌓았어도 만족을 못 느낀다.

조영남: 어머니는 우리 동네 삽교 감리교회 대표 권사님이었다. 우리 건너채에 세 들어 살던 최 씨 부부는 가짜 꿀을 전문적으로 만들어 기차 간에서 팔며 살아갔다. 나와 내 동생은 최 씨 부부가 만든 꿀이 가짜 꿀인 줄 정말 몰랐다. 꿀은 그렇게 만드는 줄로만 알았다. 문제는 가짜 꿀을 만드는 일이었다. 우선 조청 같은 걸 만들어야 하는데, 연탄도 없던 시절이라 매번 어디서 땔감을 구해다가 불을 때면 몇 시간씩

끓는 엿물 같은 것을 긴 막대기로 저어야 했다. 우리 김정신 권사님은 짬만 나면 가짜 꿀 만드는 일을 도왔다. 가짜 꿀을 저으며, 동시에 늘 작은 소리로 찬송가를 부르곤 했다. "내 주를 가까이하려 함은……." 기도도 짬짬이 했던 것 같다. "주여! 주여!" 하며 가짜 꿀을 만들었다.

　내가 어른이 되어서 한 번 질문한 적이 있다. "엄마! 엄마는 동네에서 유명한 교회 권사님인데 어떻게 가짜 꿀 만드는 일을 그토록 오랫동안 도와줬우?" 김 권사님은 마치 미리 답변을 준비해 놓았다는 듯이 이북 사투리로 대답해 줬다.

　"아 그러면 방세가 안 나오는데 어카간!"

검소한 삶

쇼펜하우어: 단순하고 검소한 생활방식은 삶의 무거운 짐을 덜게 해준다.

조영남: 몇 해 전 샌프란시스코를 방문했을 때, 친구의 제안으로 버클리대학 정문 앞에 있는 'TOPDOG' 가게에서 먹었던 핫도그가 아직도 잊히지 않는다. 그 후로 샌프란시스코 얘기만 나오면 제일 먼저 떠오르는 건 공연 얘기가 아니라 그 핫도그다. 이번 미주와 캐나다 공연에서는 페페로니 피자를 어디서 가장 잘 만드는지 알아보겠다고 결심했다. 내심 뉴욕이 최고의 피자를 만들 거라 기대했는데, LA에서부터 피자를 시식해 봤지만 만족스럽지 않았다. 그러나 토론토에서, 믿을 수 없을 정도로 맛있는 피자를 발견했다. 뉴욕 할아버지도 못 만들 정도로 훌륭한 피자였다. 이제 내 기준에서

피자는 토론토가 최고다!

비행기로 LA, 토론토, 뉴욕을 순회 공연하는 삶은 화려하게 보일지 몰라도, 나는 여전히 핫도그와 피자를 좋아하고, 국내 여행에서는 소떡소떡이 내 최고의 호강 식사다. 몇 날 며칠이고 나는 핫도그나 피자, 소떡소떡만 먹고도 잘 버텨낼 수 있다. 공연복도 따로 없이 검정 야전잠바 차림에 저렴한 음식을 즐기는 내 자신이 대견스럽게 여겨진다. 나는 명예와 재산 같은 젊은 시절의 짐을 몽땅 내던지고, 대신 검소할 권리, 검소의 자유를 누리며 살고 있다.

물론 뉴욕에서도 여러 종류의 피자를 시식해 봤지만, 결과는 토론토 피자의 승리다! 만일 내가 다시 캐나다 공연에 간다면, 사실은 그 피자를 다시 확인하기 위해 가는 거다. 맛있는 음식을 먹으면 노래도 더 잘 나온다. 젊었을 땐 그런 생각이 없었지만, 나이가 들수록 먹는 일에 관심이 많아지는 것 같다. 돈을 많이 번 것으로 소문난 미국 워런 버핏 아저씨도 햄버거와 콜라를 최고의 음식으로 친다는 얘기를 신문에서 읽은 적이 있다. 한국의 조펜하우어와 미국의 워런 버핏의 공통점이 있다. 초딩 입맛이라는 것이다. 그걸 자랑으로 아는 것도 공통점이다.

쉼 없는 삶

쇼펜하우어: 우리네 인간 생활의 본질은 쉼 없는 연속성이다. 그래서 아무 활동 없이 있으면 끔찍한 무료함에 시달리게 된다.

조영남: 나는 우연히 대대로 목수 집안에서 태어났다. 아버지 조승초 씨는 6·25 전쟁 때 이북에서 내려와 미군 부대에서 목수로 일했고, 큰아버지 조승원 씨는 한식 건축의 대가로 이름이 높았으며, 사촌 형 조영무는 우리나라 건축의 선각자 김수근과 같은 대학 건축과 동기로 도시 미술에 기여했다. 그래서 나도 뭔가 만들고 그리는 데 타고난 피를 물려받아, 어릴 때부터 꼼지락거리며 평생을 살아왔다. 무료함이나 나태함이 뭔지 모르고, 가만히 있을 수가 없는 성격이다. 심심할 땐 멸치 똥이라도 빼며 시간을 보냈다. 그러니 무료

함에 시달릴 일은 내게 별로 없었다.

명랑과 침울 사이

쇼펜하우어: 명랑하게 살 것인가 침울하게 살 것인가는 각자의 선택에 달려 있다.

조영남: 나는 단연 명랑한 삶을 택한 사람이다. 반복해서 말하지만 이는 아버지 조승초 씨와 어머니 김정신 권사님으로부터 물려받은 DNA 덕분일 것이다. 나는 어머니로부터 한번도 "공부 열심히 해라"라는 소리를 들어본 적이 없다. 초등학교 때부터 우등상, 미술 실기상, 음악상, 글짓기상 등 여러 상장을 받았는데, 지금 와서 보니 초등학교, 중학교, 고등학교 졸업장도 없다. 그 많은 상장들이 다 어디로 갔는지 모른다. 졸업장도 물론 없다. 아마 엄마가 몽땅 잃어버렸거나, 나도 그쪽 방면에 관심이 없어서 잃어버렸을 것이다.

아버지 조승초 씨도 비슷했다. 중풍으로 쓰러지기 전,

아버지는 초등학생이었던 나에게 화투 치는 법을 가르쳐주셨다. 학교만 갔다 오면 아버지와 마주 앉아 '록백구(육백)'라는 화투 놀이를 몇 판 해야만 밖에 나가서 노는 것을 허락받을 수 있었다. 아버지와 마주 앉아 화투 놀이를 하던 어린 아들의 풍경, 그보다 얼마나 명랑할 수 있었겠는가.

나는 화투 그림으로 제법 유명한데, 사실 화투는 초등학교 때부터 봐온 것이다. 지금은 내 그림 중에서 화투 그림이 가장 많이 팔린다. 명랑하고 재밌게 살아온 결과일 거다.

건강

쇼펜하우어: 건강한 거지가 병을 앓는 왕보다 훨씬 더 행복하다.

조영남: 이 대목은 쇼펜하우어와 조펜하우어의 대화에서 최정점인지 모른다. 위대한 철학자가 나의 건강까지 챙겨주는 셈이니, 철학이든 뭐든 간에 건강이 중요하다는 얘기다.

나는 음식점에서 비빔밥을 시키는 일이 별로 없다. 오래전 명동성당 아래쪽 큰길가에 유명한 비빔밥 전문점이 있었는데, 지금은 없어졌고 옛날 중앙극장 바로 옆쯤이었다. 여러 명이 함께 비빔밥을 시켜도 나는 단 한 번도 비빔밥을 시켜서 실제로 비벼서 먹은 적이 없다. 나는 밥과 반찬을 따로따로 분리해서 먹기 때문이다. 그렇게 먹는 것이 버릇이 되었다. 입에 들어가면 어차피 섞이니까.

왜 그랬는지에는 분명한 이유가 있다. 시골 초등학교 시절, 그때는 국민학교라고 불리던 시절이었다. 그 당시에도 거지들이 있었다. 아침에 "밥 좀 주쇼" 하는 소리가 들리면, 그건 거지들이 밥을 얻으러 온 것이었다. 우리 집도 사실 거지나 다름없이 가난하게 살았기 때문에 거지가 구걸하러 온 것이 지금 생각해보면 참 우습게 여겨진다. 우리 엄마는 언제나 약간의 밥을 퍼주곤 했다. 어느 날, 나는 호기심에 거지를 따라가 보았다. 초등학교 뒷담 쪽으로 몰래 따라가다 보니, 후미진 지점에 서너 명의 거지가 모여 각자가 얻어 온 밥이나 반찬을 커다란 깡통에 쏟아붓고 비비기 시작했다. 그때 알았다. 아하! 거지들은 비빔밥을 잘 먹는구나. 그 이후로 나는 비빔밥을 잘 시키지 않았고, 꼭 먹어야 할 때는 밥과 반찬을 따로 먹는 버릇이 생겼다. 어차피 입에 들어가면 자동으로 섞이니까. 그때 거지 형들은 아주 재미있게 밥을 먹는 것 같았다. 나는 왕보다 더 행복해 보이는 거지왕들을 여럿 보았던 것이다.

위대한 일

쇼펜하우어: 가장 위대한 일은 그 일을 좋아해서 몰두하는 사람들한테서 일어나곤 한다.

조영남: 쇼펜하우어의 말이 진실이라면, 나 조영남은 위대한 미술 작품을 남긴 사람으로 인정받아야 한다. 나는 실제로 그림 그리는 일을 좋아하기 때문이다. 그림 그리는 일보다 더 재미있는 일을 발견 못 했다는 얘기다. 그림을 그릴 때는 구조적으로, 생태적으로 몰두하게 된다. 그렇다면 쇼펜하우어의 논리에 따라 내 그림은 위대한 그림으로 남아야 하는데, 아직은 그런 조짐이 크게 보이진 않는다. 그러나 그 일을 좋아해서 하는 사람의 업적이 위대할 수 있다는 쇼펜하우어의 격언은 나를 기분 좋게 만든다. 다른 사람들이 우리 시인 이상의 시가 너무 난해하다고 해설서를 쓴 작가가 없는 것

같았다. 그래서 나는 무턱대고 이상의 시 해설서 『이상은 이상 이상이었다』를 썼는데, 그만큼 몰두한 나머지 미세한 뇌경색 증세를 진단받을 정도였다. 재수 없으면 내 책과 내 그림들이 위대한 책이나 위대한 그림으로 남을지도 모른다. 나는 그 일들이 좋아서 몰두한 결과물들이기 때문이다. 자뻑의 결정판이라고 할 수 있다. 자뻑은 스스로 뻑이 간다는 속어다.

예술은 삶이다

쇼펜하우어: 예술은 삶인 것이다.

조영남: 예술을 대체할 만한 것이 과연 있는가? 스포츠 역시 예술의 일종으로 봐야 한다. 쇼펜하우어는 특히 음악을 예술의 꽃으로 상정했다. 옳은 소리다. 쇼펜하우어는 미술에 관해서는 음악보다 적게 썼다. 그럴 만한 이유가 있다. 미술은 정교하게 흘러나오는 음악에 비해, 섣불리 좋다 나쁘다 판별할 수 없기 때문에 글거리가 적기 때문이다. 그래서 예술 중에서도 음악에 대한 글을 유독 많이 남겼다. 쇼펜하우어는 우리의 복잡한 삶에서도 세 가지를 삶의 중심으로 삼아야 한다고 강력히 추천하는데, 이는 기독교의 창시자 예수가 삶의 중심을 믿음, 소망, 사랑으로 정한 것과 비슷하다. 쇼펜하우어는 우리 삶에서 종교, 예술, 사랑을 중심으로 삼

아야 하며, 그중에서도 무엇보다 예술, 곧 음악을 가까이할 줄 알아야 한다고 간곡하게 권한다.

쇼펜하우어는 그의 외모가 베토벤보다도 더 험악하게 보임에도 불구하고 평생 금관악기 플루트를 직접 연주하며 음악을 폭넓게 해설했다. 특히 음악에서 장조와 단조의 차이와 쓰임새를 일일이 설명하며, 장조의 맑음과 단조의 어두운 느낌의 이유를 매우 세세하게 설명해 놀라지 않을 수 없다. 그래서 쇼펜하우어는 진짜 천재는 음악가 모차르트나 베토벤이라고 단정적으로 적어 놓았을 정도다. 그는 웅장한 음악의 하모니가 우리네의 정신을 목욕시키고, 세상살이에 끼게 된 모든 때를 벗겨내며 고뇌의 그림자를 사라지게 해준다고 일러주었다.

깎아내리기의 기술

쇼펜하우어: 삶의 기술은 다양하다. 깎아내리는 것도 기술 중 하나다.

조영남: 쇼펜하우어는 당대 최고의 음악가 바그너를 음악을 잘 모른다며 깎아내렸고, 니체는 바그너가 음악을 돈벌이와 정치적 권력화에 이용한다고 깎아내렸다. 조영남은 쇼펜하우어나 니체가 미술 이론에 대해 음악보다 형편없이 약하다는 이유로 많은 부분을 깎아내리고 있다. 엎치락뒤치락하며 김민기의 말처럼 모순에 어긋나 있는 경우가 많다.

삶의 기술에 관한 이야기 하나를 소개하자면, 어느 골프 광 부부가 골프를 친 후 집에 돌아와 잠자리에 든다. 평소처럼 남편이 부인의 몸을 끌어안고 애무를 시작했는데, 그때 전화가 걸려온다. 남편은 서랍을 열어 동전 하나를 꺼내

골프장 그린에서 마크를 하듯 애무를 하던 마지막 부위에 동전을 올려 놓고 "여보세요"라고 전화를 받고 끝낸 다음, 동전을 치우고 동전이 있던 부위부터 애무를 다시 시작한다. 골프가 삶의 기술로 들어온 셈이다.

실천하는 지혜

쇼펜하우어: 지혜가 실천으로 이어지지 않는다면, 그것은 가짜 지혜일 뿐이다.

조영남: 나의 그림 조수가 나를 법원에 고소하고, 그림을 못 그리는 사기꾼으로 TV에 나와 떠들어댔을 때, 다음 날 TV 대표가 우리 집으로 직접 찾아와 반론의 시간을 충분히 줄 테니 인터뷰를 하자고 이틀간이나 부추겼다. 두산의 박용만 회장도 똑똑한 친구 두 명을 보내 반론 TV 인터뷰를 할 것인지 말 것인지 이틀간이나 숙의를 했다.

　나는 반론하기 위해 TV에 나가 "아니다. 나는 초등학교 때부터 그림을 그렸고, 용문고 때는 학생회 미술부장이었다. 서울음대 초년생일 때 모차르트 오페라 〈마술피리〉 공연했을 때는 무대미술을 내가 맡았다"는 이야기를 한마디도 하지 않았다. 내가 방송을 안 한 이유는 내가 방송 첫 부분부터 "야! 이 나쁜 조수 새끼야"라며 욕부터 시작할 것이 뻔했기 때문이다. 내가 방송 출연을 거부한 진짜 이유는, 밉든 곱든 내 조수가 나를 형으로 호칭하고 있었기 때문이다. 아무리 생각해도 방송에 나가 동생에게 욕을 퍼붓는 형은 옳지 않다고 여겨졌다. 재판을 했던 5년 반 동안 나는 한 번도 반론의 인터뷰를 하지 않았다. 이것이 내가 지혜를 실천으로 옮긴 내 생애 최고의 사례다. 펭귄 박수 턱턱턱!

인생의 모습

쇼펜하우어: 우리 인생의 모습은 투박한 모자이크 그림과 흡사하다. 가까이서 보면 매력적으로 보이지 않고, 좀 떨어져서 멀리 보아야 그럴듯하게 보인다.

조영남: 인생의 모습이 모자이크와 흡사하다는 말은 우리 인생이 사소한 일의 조각조각으로 나뉘어, 나중에 퍼즐 맞추듯이 맞춰나가야 한다는 뜻이다. 『노인과 바다』의 작가 헤밍웨이와 『위대한 개츠비』의 작가 피츠제럴드가 서로 유명해지기 바로 직전 처음 만난 자리에서 이런 시답지 않은 사소한 대화를 나누었다.

피츠제럴드가 묻는다. "헤밍웨이 선생은 지금 부인과 결혼하기 전에 함께 잠을 잤나요?" 헤밍웨이가 대답한다. "모르겠는데요." "모른다는 게 무슨 뜻입니까?" 헤밍웨이가 말한다. "그냥 기억이 나질 않는다는 말씀입니다." 피츠제럴드가 또 묻는다. "아니, 그런 중대한 일이 기억에 남지 않을 수가 있는 거죠?" 헤밍웨이가 말한다. "모르겠는데요. 그게 이상한 일인가요?" 피츠제럴드가 대답한다. "무조건 기억이 나야 하는 거죠. 그런 건." 이런 식으로 대답하고 대화를 이어 나간다. 세계적인 소설가 두 사람조차 우리 보통 사람과 비슷한 대화를 나눈거다. 그런 사소한 일들이 투박한 모자이크처럼 이어지는 것이 우리의 인생이라는 것이다. 두 사람은 그 후 미국 현대문학을 이끌어가는 위대한 작가로 우뚝 올라선다.

불완전한 인간

쇼펜하우어: 나는 '신이 창조한 세계는 완벽하다'라는 주장에 반박한다. 신이 창조한 피조물 중 가장 발달한 인간이 실제로 가장 불완전하다는 사실만큼 신의 실패를 완벽하게 증명해주는 증거는 없다.

조영남: 쇼펜하우어나 헤겔, 칸트가 살았던 18세기 말, 즉 교황과 기독교가 유럽을 지배하던 시절에 신의 실패를 거론하는 것은 불경스럽게 여겨졌을 것이다. 그러나 이러한 주장을 내세운 쇼펜하우어는 실존철학의 거장 니체에게 충분한 존경을 받았다 받을만했다. 니체는 쇼펜하우어의 실패한 신에 대한 응답으로 "신은 죽었다. 더 이상 신은 작동하지 않는다"라고 선포했기 때문이다.

천체물리학자 아인슈타인도 쇼펜하우어와 유사한 얘

기를 한 적이 있다. 아인슈타인은 유대인들이 만들어낸 신이 마음에 들지 않는다고 말했다. 자기가 창조한 피조물에게 벌을 주고 천국과 지옥에 보내는 신이 탐탁치 않다고 했다. 나는 신학대학에 다니면서 교수님께 '너는 신의 존재를 믿느냐'라는 질문을 받을 때마다, '아이 돈 노 썰(I don't know, Sir)'이라고 대답하며 넘기곤 했다. 예수의 행적에 대해서는 신뢰할 수 있었지만, 구약 성서의 초반 부분에 대해서는 늘 반신반의했다. 특히 요한계시록 같은 부분에서, 같은 반 친구들은 거의 모두가 기도 중 영성 접선을 경험했다고 했지만, 나는 그런 경험이 단 한 번도 없어 참으로 답답했다. 규율은 엄격해, 남녀가 함께 앉아 있을 때는 의자 하나를 가운데 둔다던가, 채플 시간에 뒷머리를 의자 뒤편에 대서도 안 된다던가 양쪽 귀가 다 보일 만큼 머리 정리를 해야 한다던가, 매우 까탈스러운 타입의 보수 침례적 학교였다. 만약 내가 노래를 못 했다면 퇴학감이었겠지만, 노래를 잘하는 덕분에 간신히 졸업할 수 있었다. 신학대학에서는 거의 매일 채플을 드리기 때문에 노래 잘하는 가수의 역할은 실로 중요했다.

끝맺음에 관하여

쇼펜하우어: 끝맺음을 장엄하게 성공시켜라. 행운의 여신의 집에는 환호의 출입문과 탄식의 퇴장 문이 있다.

조영남: 조심스러운 말이지만, 이 지침은 쇼펜하우어가 나에게 끝맺음을 잘하라고 당부하는 것처럼 느껴진다. 내 경험상 노래 한 곡을 부를 때에도 시작과 끝이 있으며, 특히 끝맺음이 매우 중요하다. 1시간짜리 공연이나 2시간짜리 공연도 마찬가지다. 공연에는 에필로그와 중간 부분이 있고, 이 중에서도 피날레가 특히 중요하다. 도입부나 중간 부분이 다소 허술하고 어눌하더라도 피날레가 풍성하면 그동안의 실수를 한꺼번에 커버할 수 있다.

행운의 여신은 분명 여자다. 나는 소문대로 여복이 있는 남자라서 크게 다행이다. 끝맺음, 즉 피날레만 잘하면 환호의 문으로 나아갈 것이고, 그렇지 않으면 탄식의 문으로 퇴장할 수 있다. 그건 맞는 소리다. 스포츠에선 승리의 문과 패배의 문이 늘 갈려 있듯이 쇼펜하우어는 우리 삶의 운영도 노래 한 곡과 같은 방법론을 통해 접근한다고 보았다. 참으로 희한하고 신비롭다. 환호의 출입문과 탄식의 퇴장문, 철학을 떠나서라도 얼마나 멋진 문장이냐. 그런데 나는 여신께서 퇴장의 문까지도 나를 멋지게 안내해줄 것만 같다. 여기서도 여복이 안 따른다는 보장은 없는 것 같다.

음악과 문학의 차이

쇼펜하우어: 음악은 최상급의 조형예술이며 문학과는 전혀 다른 성질을 지녔다.

조영남: 쇼펜하우어의 이 주장은 그의 특질을 잘 보여준다. 그는 음악을 극찬하며 그 중요성을 강조한다. 나는 미술도 중요하다고 생각하지만, 쇼펜하우어의 판단력은 실로 위대하다. 음악은 특별한 장치 없이도 즉시 소통할 수 있는 매력적인 특성을 지닌다. 반면, 문학은 언어를 통해서만 소통이 가능하다.

우리의 위대한 시인 이상이 세계적으로 널리 알려지지 않은 이유도 언어의 장벽 때문이다. 그의 시는 너무도 난해해서 우리말로도 이해하기 어려운 경우가 많다. 그걸 어떤 식으로 글로벌하게 알리느냐가 우리에게 남겨진 숙제다.

그러나 음악은 언어를 꼭 필요로 하지 않기 때문에 언제 어디서나 누구와도 쉽게 소통할 수 있다.

예를 들어, 세계적으로 인정받는 영화 《쇼생크 탈출》에는 주인공이 감옥에서 모차르트의 오페라 《피가로의 결혼》 중 여성 이중창을 확성기를 통해 감옥 전체에 울려 퍼지게 하는 장면이 있다. 흉악범 처치로 유명한 쇼생크 감옥에서도 죄수들은 확성기에서 울려 나오는 청아한 이중창을 넋을 놓고 듣는다. 이 감옥의 죄수들 중 음악을 공부한 사람은 아마 없었을 것이다.

또한, 전 세계의 사람들이 다빈치의 작은 그림 〈모나리자〉를 보기 위해 프랑스 루브르 박물관을 방문하는 현상도 마찬가지이다. 음악과 미술은 언어의 장벽을 넘어서 사람들의 마음에 직접적으로 와닿는 커다란 장점을 선점한 셈이다.

시금석과 진정성

쇼펜하우어: 진짜 시금석만이 진짜 금을 판별할 수 있다.
시금석은 진짜 금을 판별해낼 수 있는 돌이다.

조영남: 세상에는 중요한 금이 세 가지 있다. 소금, 순금, 그
리고 지금. 최근에는 이 목록에 하나가 더 추가되었다. 바로
'불금.'

유언에 관한 고백

쇼펜하우어: 내가 죽으면 묘비명에 아무것도 쓰지 마라. 연호 같은 것도 필요 없다. 이름 말고는 아무것도 필요 없다.

조영남: 쇼펜하우어의 마지막 유언이 그랬다. 그래서 그의 묘비에는 이름만 적혀 있다. '아르투르 쇼펜하우어.' 10여 년 전, 나는 《월간조선》과 《월간동아》에 미리 쓴 유언장을 남긴 적이 있다. 그 내용은 매우 간소하다. 형식을 싫어하는 나는 장례식 자체를 치르지 말고, 내가 죽으면 옆에 있던 사람이 나를 담요에 둘둘 말아 태운 후, 남은 재를 내가 20년 넘게 바라보았던 영동대교 한가운데에 몰래 뿌려달라고 했다.

후배들인 이장희, 윤형주, 손창식, 김세환 같은 친구들은 나더러 그런 쪼잔한 걱정하지 말고 빨리 죽으라고 한다. 그들 말로는 뒷일은 자기네가 알아서 처리하겠다고. 이 녀

석들 때문에 내가 먼저 죽는 것도 죽기보다 싫다.

천재의 본질

쇼펜하우어: 천재는 자신이 습득한 드높은 지성으로 인생 자체를 살펴보고 모든 사물의 이면을 고찰한다. 반면, 보통 사람은 자신의 인식 능력으로 자신의 길을 비추는 데 그치지만, 천재는 인류 전체를 비추는 밝은 빛 그 자체이다.

조영남: 쇼펜하우어가 천재를 이렇게 정의한 것이 흥미롭다. 나는 미술을 독학하면서 백남준을 천재로 인정하게 되었다. 그의 예언에 따라 인류는 구석기 시대를 지나 결국 '미디어 시대'에 살게 될 것이라는 주장을 보고, 그를 진정한 천재로 여겼다. 또한, 시인 이상의 작품에서 천재성을 느꼈다. 그의 「날개」, 「봉별기」, 「권태」는 비교적 쉽게 이해할 수 있지만, 시에서는 갑자기 난해해진다. 그의 시들, 특히 「오감도」를 비롯한 100여 편의 시는 모두 난해한 문맥으로 되어 있다.

이런 사실이 신기하게 느껴졌고, 한국 문학에서 이상의 영향력은 크지만, 그의 시 해설서는 단 한 권도 없는 현실이 아쉬웠다. 그래서 나는 『이상李箱은 이상異常 이상以上이었다』라는 제목의 해설서를 집필하게 되었고, 이를 통해 이상이 진정한 천재임을 확신하게 되었다.

최근 김민기 다큐멘터리를 보면서 또 한 명의 진정한 천재를 발견하게 되었다. 김민기, 특히 그의 노래 〈아침이슬〉을 통해 천재성을 확신했다. SBS의 다큐멘터리에서 김민기가 어떻게 그의 음악적 재능을 발휘했는지 보면서, 천재에 대한 인식이 다시 확고해졌다. 다큐멘터리에서 김민기는 그가 만든 국민 노랜 〈아침이슬〉이 "겨울 내복 같다"라는 답변을 했을 때, 나는 그의 천재성을 확신하게 된다.

몇 년 전, 송창식, 윤형주, 김세환, 이장희와 함께 MBC 프로그램 〈놀러와〉의 쎄시봉 특집을 기획한 김명정 작가가 김민기 다큐멘터리를 방송하자, 나는 방송을 보면서 김민기의 천재성을 처음 인정하게 되었다. 김민기가 살아서 내 글을 읽는다면, 그는 조용히 '영남이 형이 미쳤나'라고 할지도 모르겠지만, 나는 여전히 김민기를 진정한 천재라고 믿는다.

아! 민기가 살아 있을 때 "야! 너는 천재야!" 이렇게 말했다면 얼마나 좋았을까.

많이 섭섭하다. 너는 지금 세계적으로 떠들썩한 우리나라 최초로 노벨문학상을 받은 한강 못지않은 고운 결을 갖춘 사람이었다.

순전히 내 개인적인 생각이다. 나는 한강의 시와 소설을 대충 읽었는데 한강은 두 명의 내가 좋아하는 소설가를 합친 것 같다. 한 명은 『호밀밭의 파수꾼』을 쓴 J.D 샐린저, 다른 한 명은 『위대한 개츠비』를 쓴 F. 스콧 피츠제럴드이다. 그녀한테 행여 『노인과 바다』를 쓴 어니스트 헤밍웨이 냄새까지 풍겼더라면, 와우! 전혀 딴 얘기지만 공교롭게도 내 마지막 히트곡 〈화개장터〉가 들어 있는 레코드판 타이틀이 〈한강〉이었다. 글 쓰는 한강이 아니고 내 창문 앞에 흐르는 한강이다.

그녀는 노래를 잘 부른다. 김민기급의 가수다. 나는 그녀가 노래를 잘 부르기 때문에 좋아할 수밖에 없다.

성욕과 시간적 의식

쇼펜하우어: 시간적 의식에 대한 긍정의 정점이 되는 것은 바로 우리의 성욕 만족이다. 그래서 동정을 지키는 것은 우리가 금욕이나 고행에 이르는 첫 관문이며, 덕행에서 고행으로의 이행을 의미한다.

조영남: 성욕의 만족이야말로 우리가 흐르는 시간 속에 뚜렷이 살아 있다는 증거라는 것이다. 그런데 큰일이 났다. 나는 언제, 어디서 동정을 잃었는지 전혀 기억이 나지 않는다. 한마디로 나는 글렀다. 덕행이고 고행이고 간에 나는 끝났다. 쇼펜하우어 선배가 동정을 지키는 게 우리 인생에 중요한 관문이 된다고 말씀해줬는데 나는 동정을 잃었는데 도무지 어디서 잃었는지조차 모르니 어쩌면 좋은가. 내 생각에 주변머리 없어 보이는 고지식한 쇼펜하우어나 니체나 키르

케고르 같은 인물들은 동정을 잘 모시며 잘 지켰을 것 같다. 그러나 나는 그런 그들이 조금도 부럽지 않다. 우리 쎄시봉 선배 중 한 사람이 쎄시봉 문지기 용출이의 손목시계를 빌려 당시 홍등가 종삼에 가서 시계를 맡기고 여자를 불렀다. 둘이 사랑을 시작하려는 순간, 똑똑 노크 소리가 나서 "누구세요?"라고 묻자, 시계를 받아간 아저씨가 밖에서 조용한 목소리로 "학생 시계가 안 가"라고 하더란다. 이런 얘기가 공공연히 돌아다녔다.

지혜를 압도하는 우매함

쇼펜하우어: 이 세상은 자연적인 우연과 미혹, 또는 지혜를 압도하고 짓누르는 우매함과 어리석음으로 가득 차 있어, 도처에 엉터리 현상만 두드러지게 나타난다. 이런 세태를 우리 눈앞에서 보고도 아무렇지도 않게 여기는 것은 도대체 어떤 이유 때문일까?

조영남: 지혜를 압도하는 우매함과 어리석음. 아, 문맥이 불을 뿜는다. 세상이 온통 엉터리투성이인데도 이런 엉터리 세태를 본체만체하는 이유가 무엇인지에 대해 나는 뜨끔하며 쇼펜하우어의 말씀대로 과연 지혜를 압도하는 우매함과 어리석음 속에서 살아왔음을 확인하게 된다.

어느 학부모가 자기 아이의 담임 선생님 앞에 불려와 상담을 받게 된다. 선생님이 말한다. "이걸 어쩌죠. 제가 아드

님께 거북선을 누가 만들었냐고 물으니까, 댁의 아이가 한사코 자기는 안 만들었다고 고집을 부립니다. 그래서 부모님께 직접 상담을 신청한 겁니다." 학부모가 대답한다. "선생님, 우리 아이는 정직하고 착한 아이입니다. 우리 아이가 어딘가에 거북선을 만들어 놓고 숨기는 건 아닐까요?"

재물과 만족의 의미

쇼펜하우어: 보잘것없는 재물을 소유한 사람이 어떤 사물이 자신에게 필요 없다고 느끼는 것은, 그에게 그 사물이 모자란다는 의미가 아니라, 그 사물이 없어도 충분히 만족할 수 있다는 뜻이다. 그러나 그 사람보다 백 배나 많은 재물을 소유한 사람이 원하는 것 중 하나가 빠지면 스스로 불행하다며 한탄하는 경우가 많다.

조영남: 나는 안산에만 5만 평이 넘는 안 산 땅을 소유하고 있다. 그때 그 땅을 샀어야 했는데.

순간의 덧없음과 추억

쇼펜하우어: 우리의 삶에서 가장 불합리한 점은 그것이 고통이든 쾌락이든 순식간에 지나가 버린다는 것이다. 이러한 점에 대항하여, 우리가 지나쳐 가는 순간들을 잠시라도 붙잡기 위한 당당한 닻이나 갈고리 같은 방법이 있을까? 우리의 삶은 이와 같은 순간들의 집합체임을 명심하라. 그래서 남는 것은 오직 추억뿐이다.

조영남: 쇼펜하우어가 닻이나 갈고리까지 꺼낸 걸 보면 철학자 그도 오래 살고 싶어 했음이 틀림없다. 1800년 초까지 72년을 살았으니 나 조펜하우어의 한참 후배다. 난 지금 72세를 훌쩍 넘어섰다. 그래서 내가 선배다. 이런 식 계산은 내 맘대로의 계산이다. 이런 건 200년 전쯤의 까만 선배. 아니 까만 후배 철학자 프랜시스 베이컨한테 배웠다. 모든 생각

을 지금 생각하는 사람을 기준으로 할 수 있다. 케케묵은 건 몽땅 옛것이다. 고통이든 쾌락이든 순식간에 지나가 버리는데 그까짓 선후배 가리는 게 뭐 그렇게 대수냐. 그리하여 우리에게 남는 건 한주먹 추억뿐인데. 나는 속칭 잘 나갈 때는 우쭐한 마음에 남들과 사진을 찍는 것이 대수라고 생각하지 않았다. 그 결과 후에 평생 후회하는 두 인물이 있다. 하나는 영화 〈닥터 지바고〉의 주연을 맡았던 오마 샤리프. 그는 도박으로 신세를 망쳤다고 한국에 향수를 출품하러 왔을 때 만났다. 또 하나는 금세기 세계 3대 테너로 이름을 남긴 호세 카레라스. 중병이 완치된 후 독창회 차 한국에 들렀을 때 만났다. 그 두 명과 꽤나 절친했는데, 그때 사진을 찍지 않은 것이 후회된다. 그래서 남은 건 너절한 몇 조각의 추억뿐이다. 그래서 요즘은 사진 촬영 요구에 선선히 응하고 있다.

극장과 거울

쇼펜하우어: 극장을 안 가는 사람은 거울 없이 옷을 입는 사람과 마찬가지다.

조영남: 쇼펜하우어가 이렇게 말씀하신 건 참으로 재미있는 일이 아닐 수 없다. 1800년대 초기에는 지금처럼 화려한 영화관이 없었을 수도 있겠지만, 나는 다행히 영화를 좋아해서 자칭 영화광이라고 할 수 있다. 거울 없이 옷을 입는다는 건 아무렇게나 막 입는다는 뜻이다. 옷을 입는 일에 의미를 두지 않는다는 것을 의미한다. 이런 의미에서 쇼펜하우어가 극장에 가야 한다고 충고한 것은 정말 놀라운 일이다. 예전에는 극장이라고 했고, 요즘에는 영화관이라고 한다. 그럼 나는 왜 그렇게 영화를 좋아하는 걸까? 바로 이득이 많이 나는 오락이라서이다. 요즘 영화 한 편의 제작비는 어마어마하

다. 수십억 원이 쓰인다. 그걸 단돈 몇천 원에 즐길 수 있다는 것은 얼마나 이득이 수지맞는 장사인지 모른다. 게다가 나는 노인 우대까지 받아서, 최근 미주 공연 때 비행기에서 갈 때 영화 3편, 올 때 영화 3편을 공짜로 봤다. 눈알이 튀어나오는 줄 알았다. 뉴스 시간에 정치인들이 뻔한 이유로 다툼을 벌이는 하는 모습을 볼 때, 나는 혼자 중얼거린다. '저 사람들은 극장도 안 가고, 전시회도 안 가고, 음악회도 안 가고 쇼핑도 안 하고, 책방도 안 가는 사람들일 거야.'

인간과 자연

쇼펜하우어: 지상의 경치는 참 아름답기 그지없다. 그러나 그 경치 속에 사는 우리 인간의 모습은 늘 흉해 보인다. 그래서 인간은 자연의 경치 속에 살아선 안 된다.

조영남: 큰일 났다. 자연을 쫓아다니는 내 친구 이장희나 전유성은 어떻게 해야 할까? 나는 자연을 볼 때마다 우리 조상 조물주가 어련히 잘 만들었을까 하며 덤덤하게 바라본다. 대신, 사람이 만든 물건들을 자연보다 훨씬 흥미롭게 본다. 약 일주일간 영국 런던에 갔을 때, 거기 있는 열두 군데 백화점을 모두 돌아봤다. 사람의 손길이 닿은 물건이 백화점에 가득 차 있기 때문이다. 특히 해러즈 백화점은 두 번이나 둘러봤다.

경험과 주석

쇼펜하우어: 우리가 겪는 온갖 경험은 우리 삶의 본문이며, 경험에 대한 회한과 반성은 주석에 해당한다.

조영남: 그래서 나는 많은 걸 경험했다. 시골살이를 경험했고, 도시살이도 경험했다. 외국에서의 삶도 경험했으며, 학교 생활과 교회 생활, 사찰 생활, 쎄시봉 생활도 해봤다. 미8군 쇼단에서의 경험도 있고, TV와 라디오를 통해 다양한 경험도 했다. 재판과 유배 생활도 겪었으며, 미술과 책 출간도 경험했다. 심지어 결혼과 이혼도 해봤다. 그래서 내 삶의 주석은 지루할 정도로 길어 보인다.

행복과 슬픔

쇼펜하우어: 행복의 정도를 측정하기 위해서는 그 사람이 무엇에 즐거워하느냐보다, 무엇에 슬퍼하는지를 파악하는 것이 중요하다. 그 사람이 슬퍼하는 것이 사소할수록, 그 사람은 충분한 행복 상태에 머물고 있다는 뜻이다. 불행한 사람은 사소한 슬픔을 전혀 느끼지 못한다.

조영남: 나는 또 비난을 받을지도 모르지만, 오늘 당장 슬픈 일은 이런 것이다. 내가 사시사철 입는 외투, 군인이 착용하는 야전잠바가 문제다. 나는 주로 청계5가에 있는 유한양행이라는 소규모 양복점에서 맞추어 입는다. 문제는 천이다. 수백 가지 직물 샘플이 있는데, 모두 내 마음에 들지 않아 엄청난 슬픔을 느낀다. 그래서 이번에는 직물 시장에 직접 가서 내 마음에 딱 맞는 하복지(夏服地)를 고르기로 했다. 군용

잠바를 만들고 나면 양팔의 각종 패치들은 청계천 옆길에 널려 있다. 그중에서 중앙 상점이 나의 단골이다. 미주 공연 때 많은 외국인들이 나의 야전잠바에 큰 관심을 보였다. 멋지다고들 한다. 이번에 내 마음에 딱 드는 천을 찾지 못하면, 나는 올해 내내 슬픔에 잠길 것이다.

삶과 죽음

쇼펜하우어: 늙은 사람의 앞길에는 죽음이 놓여 있고, 젊은 사람의 앞길에는 삶이 놓여 있지만, 문제는 '삶과 죽음, 어느 쪽이 더 중요한가'이다.

조영남: 삶과 죽음 중 어느 쪽이 더 중요하냐니. 늙은 사람 앞에 놓인 죽음도 중요하다는 의미일까? 쇼펜하우어는 특이하게 노년에 대해 길게 썼다. 게다가 내가 젊어서부터 좋아했던 풍운아 철학자 볼테르와 현대 철학의 아버지라 불리는 칸트도 유독 그들의 노년에 대해 상세하게 썼다. 읽어봐도 아리송하다. 노년의 예찬 같기도 하고, 노년의 서글픈 죽음 풍경 같기도 하다. 어려운 테마, 늙음에 관해 이렇게 많이 쓴 것도 자랑하려는 것처럼 보인다. 한편 나는 쇼펜하우어가

젊음과 늙음을 두 개의 세계로 나누고 갈라치려 하는 것에 화가 난다.

나는 대충 다 경험해 봤다. 젊었을 때도 있었고, 지금은 늙었고. 젊은이들이 자신의 아이들에게 나를 보며 "할아버지 안녕하세요, 인사해봐" 하는 게 진정으로 싫다. 그래서 아는 후배들에게 "아저씨"라고 호칭을 바꾸라고 꼭 부탁하곤 한다. 왜냐, 나는 할아버지가 아니기 때문이다. 실제로 난 할아버지가 아니다.

나는 어린아이가 마냥 예쁘다. 길가다가도 어린아이가 아장아장 걸어가면 꼭 말을 걸고 싶다. 왜냐하면 내 생각에 신의 가장 위대한 작품은 단연 어린아이이기 때문이다. 나는 그렇게 고백한다. 현재 내 나이는 만 세 살, 만 네 살이다. 믿기지 않겠지만, 내 앞에 있는 어린 친구와도 친구가 될 수 있는 나이이기 때문이다. 요즘 어린이들에게 무심코 다가가면 옆에 있는 친구들이 한사코 말리곤 한다. 그러면 애들 부모가 싫어한다고 한다. 그래도 나는 짬만 나면 내 기분을 표시하곤 한다. 좋은 음악과 미술에는 환호와 큰 박수를 보낸다. 보내야 한다. 어린아이는 나에게 어떤 음악, 예술, 미술보다 훨씬 위대한 예술이다. 그런 예쁜 예술을 향해 환호하고 갈채를 보내는 게 왜 잘못된 건가. 만일 쇼펜하우어가 내 눈앞에 살아 있다면, 나는 노년에 관해 이제 그만 쓰시라고 직언하겠다.

세 살짜리 여자아이가 네 살배기 사내 앞에서 훌쩍훌쩍 운다. 이때 사내아이가 한 말 "야! 그만 울어 우리가 한두 살 먹은 애도 아니잖아!"

무로 돌아가는 모든 것

쇼펜하우어: 우리에게 그토록 사실적으로 보였던 모든 태양계와 은하수와 더불어 모든 것이 무로 남는다.

조영남: 이 글은 쇼펜하우어가 쓴 저서 『의지와 표상으로서의 세계』의 마지막 구절이다. 나는 이 철학책이 아인슈타인의 '상대성이론'에 버금가는 저서라고 주장한다. 쇼펜하우어는 우리 삶이 고통과 번민으로 가득 차 있지만, 우리가 어린아이가 어두움을 무서워하는 것처럼 고통과 번민을 밀어내야 한다고 충고한다. 그렇다면 고통을 밀어내고 의지나 표상까지도 깨끗이 밀어내면 우리는 어디에 도달하게 되는 것일까? 천국이냐, 열반이냐? 아니다. 쇼펜하우어가 대답한다. 주관과 객관이 없는 '무無'만 남는다고.

□ 에필로그

나는 어쩌다 이런 책까지 쓰게 됐는가. 시인 이상에 관한 책
은 그렇다 치자. 현대 예술에 관한 책도 뭐 그렇다 치자. 워
낙 내가 좋아했으니까 써냈을 수도 있다. 예수에 관한 책은
신학대학 때 쓸 수밖에 없었다. 그런데 이제는 철학에 관한
책까지 쓰게 된 거다. 어쩐 일이냐. 돌이켜보니 간단하고 싱
겁기까지 했다. 궁금한 걸 못 참는 못된 성격 탓이었다. 내가
건 전화 한 통에서 비롯된다. 몇 달 전 어느 날 아침 신문에
실린 내용이 내 눈길을 끌었다. 나는 문학세계사 출판사 김
사장께 전화를 했던 것이다.

"요즘 출판계에서 서양 철학자 쇼펜하우어가 대세라는
데 맞는 소리인가요?"

뜻밖에도 그렇다는 것이었다. 그날부터 나와 쇼펜하우
어의 만남은 이루어졌고 천둥 번개팅이었고 3개월간 논스

톱 난상토론은 드디어 끝을 보게 된 거다.

나는 인터넷이나 타자 치는 것을 배운 적이 없기 때문에 한글 원고를 한 글자씩 직접 써 내려가야 했기 때문에 속도가 무지 느리고 몇 시간씩 책을 보고 원고를 쓰다 보면 늙은 눈이 침침해지고 시야가 뿌예진다. 그래서 나는 지난 미술 재판 때 쓴 『이 망할 놈의 현대미술』을 끝으로 다시는 책을 안 쓴다는, 못 쓴다는 결심을 했는데 그만 알량한 욕심, 책을 많이 쓰면 멋져 보인다는 정체불명의 망상 때문에 또 쓰게 된 거다. 하여간 이 책 때문에 니체 앞에 쇼펜하우어가 있었다는 걸 알게 되고 얼마 전 죽은 김민기가 진짜 천재였다는 걸 알릴 수 있게 되고 LA 공연 때 만난 김지미 선배가 아직도 우아한 자태를 유지하고 있다는 사실도 감지하게 되고 내가 튼튼하게 오랫동안 잘 살아왔다는 것도 알게 되었다. '누더잘' 올림픽, 누가 더 오래 잘 사는가 하는 경주에서 아버지 조승초 씨, 어머니 김정신 권사님을 가뿐하게 넘어서고 심지어 나는 72년을 산 쇼펜하우어는 물론 82년간 시계 분침처럼 정확하게 달린 칸트와의 간격을 바짝 좁혀 놓고 있다. 이제 82점 이상만 더 따면 나는 골드메달을 목에 거는 것이다. 숨을 가쁘게 쉬며 수상소감을 말하겠다. "이 모든 영광을 두 아들과 딸에게 몽땅 바치겠습니다. 다시는 책을 안 쓰겠습니다. 쓰겠습니다." 이런 부질 없는 얘기 하지 말고 그냥 살다 가자. 되는대로 가능하면 재미있게.

내 책을 읽는 분들께 행운이 있기를!

쇼펜하우어 플러스

ⓒ 문학세계사

초판 1쇄 발행	2024년 11월 13일
지은이	조영남
펴낸이	김종해
펴낸곳	문학세계사
출판등록	제21-108호(1979. 5. 16)
주소	서울시 마포구 신수로 59-1, 2층
전화	02-702-1800
팩스	02-702-0084
이메일	munse_books@naver.com
홈페이지	www.msp21.co.kr
ISBN	979-11-93001-58-5 (03100)